Texte **.Medien**

JO PESTUM

Büffelmädchen

Schroedel
westermann

Texte • Medien

»Büffelmädchen« von Jo Pestum

Herausgegeben von Ingrid Hintz

Materialteil erarbeitet von Hedi Berens

Das ‎Texte • Medien‎ –Programm zu »Büffelmädchen«:
978-3-507-47018-7 Textausgabe mit Materialien
978-3-507-47318-8 Lesetagebuch
978-3-507-47218-1 Informationen für Lehrerinnen und Lehrer
Informationen und Materialien im Internet: **www.westermann.de/textemedien**

westermann GRUPPE

© 2006 Bildungshaus Schulbuchverlage
Westermann Schroedel Diesterweg Schöningh Winklers GmbH,
Georg-Westermann-Allee 66, 38104 Braunschweig
www.westermann.de

Druck A [8] / Jahr 2021
Alle Drucke der Serie A sind im Unterricht parallel verwendbar.

Redaktion: Barbara Holzwarth, München
Herstellung: Christian Behrens
Illustrationen (Umschlag und Innenteil): Jaroslaw Schwarzstein, Hannover
Umschlaggestaltung und Layout: JanssenKahlert Design, Hannover
Satz: Jürgen Rohrßen, Hannover
Druck und Bindung: Westermann Druck Zwickau GmbH,
Crimmitschauer Straße 43, 08058 Zwickau

ISBN 978-3-507-**47018**-7

INHALT

JO PESTUM

Büffelmädchen

Der zerbrochene Pfeil 7
Die Weise Frau 15
Die große Steppe 24
Der dunkle Wald 33
Die lachende Bärin 41
Der kalte Berg 50
Die verwehte Spur 58
Die tobenden Wölfe 66
Das rettende Feuer 74
Der rote Schnee 84
Die samtschwarze Schlange 94
Die fremden Jäger 103
Der dünne Eulenmann 111
Die Heimkehr 121
Der kreisende Falke 129

Materialien

Kleines Indianerlexikon 138
Der Autor Jo Pestum *(Biografie)* 139
Seit wann gibt es Indianer? *(Sachtext)* 141

Träume, Visionen und Geister *(Sachtext)* 143

Kindererziehung bei den Indianern *(Sachtext)* 146

Piktogramme der Indianer 149

Die Waldklapperschlange *(Sachtext)* 150

Ted Perry (inspiriert von Häuptling Seattle):

Wie kann man den Himmel verkaufen? *(Rede)* 152

Quellenverzeichnis 160

Zu diesem Buch

Dieses Buch erzählt die Geschichte des mutigen Indianermädchens Yucca, das auf der Suche nach seinem Bruder, der aus dem Indianerdorf verbannt worden ist, viele Abenteuer zu bestehen hat. Der Anhang des Buches enthält zusätzliche Materialien zum Thema „Indianer".

Es gibt viele Jugendliche, die gern Bücher lesen. Das ist erfreulich, denn wer liest, nimmt teil an den Lebensgeschichten, Erlebnissen, Problemen, Gedanken und Gefühlen der Buchfiguren. Deshalb sagt man: Wer liest, lebt doppelt.

Die Bücher der Reihe **Texte.Medien** wollen zum Lesen motivieren – im Unterricht in der Schule, aber auch zu Hause in der Freizeit. Sie wollen die Freude am Lesen steigern und „Lust auf mehr Bücher" machen.

Zu jedem Buch gibt es ein **Lesetagebuch**, das dabei helfen soll, sich selbstständig – individuell und gemeinsam mit anderen, die ebenfalls dieses Buch lesen – mit dem Inhalt und den Personen auseinanderzusetzen.

Viel Freude beim Lesen des Buches!

JO PESTUM

Büffelmädchen

Der zerbrochene Pfeil

Ohne Flügelschlag kreiste der Falke unter der Mittagssonne, ließ sich vom Aufwind tragen und stieß von
Zeit zu Zeit klagende Schreie aus. Jenseits des Schutzwalles aus hohen Pfählen, der das Dorf umrundete,
standen erwartungsvoll die Jungen mit ihren kleinen
Bogen und starrten nach oben, doch der große Vogel
war unerreichbar für ihre Pfeile. Falkenfedern! Welch
ein Glück wäre es, einen Falken zu erlegen.

Yucca kniete im dürren Gras und zerrieb Salbeiblätter zwischen den Handflächen. Sie war voll Unruhe, denn sie ahnte, dass dieser Tag traurig enden
würde. Blinzelnd ließ sie den Blick über das weite
Land schweifen. Schräg unter ihr im Tal lag das Dorf
mit den Häusern aus Lehm, die aussahen wie gleich-
förmige Erdhügel. Das Gras auf den Runddächern
welkte schon. Aus vielen Rauchlöchern quirlte dün-   quirlen
ner Qualm und verlor sich im milchigen Dunst. Auf   *hier: steigen*
dem Tanzplatz in der Dorfmitte balgten sich Kinder
und junge Hunde. Herbstgeruch lag in der Luft. Aus
der Ferne, wo die bläulichen Umrisse des Gebirges das
Blickfeld begrenzten, näherten sich langsam vier Reiter. Die Pferde ließen müde die Köpfe hängen.

Die Maisgärten waren schon abgeerntet. So konnte Yucca die Mädchen sehen, die im Uferschlamm des

Flusses wateten und nach Treibholz Ausschau hielten.
Ihr Lachen klang hell wie Vogelgezwitscher. Die Schoten der Glockenblumen tuschelten bei jedem Windhauch.

Der Falke zog noch immer seine Kreise.

Hatte sie geträumt? Yucca schrak auf, als die große Trommel zu poltern begann. Das war das Zeichen. Frauen mit Säuglingen auf dem Rücken kamen aus den Häusern. Kinderkreischen und aufgeregtes Hundegebell. Gelassen schritten federgeschmückte Männer von der Pferdekoppel her und aus dem Schatten der Zitterpappeln vorbei am Totempfahl zur Ebene am Dorfrand, wo wieder einmal ein Wettkampf der jungen Männer stattfinden würde. Solch ein Höhepunkt im Alltag wurde in jedem Indianerdorf gefeiert. Und die jungen Männer fieberten danach, ihre Kraft und ihre Geschicklichkeit zu zeigen, denn es galt, Aufmerksamkeit zu erwecken beim Häuptling und bei den Stammesältesten. Endlich zu den Prüfungen zugelassen zu werden, endlich zu den Kriegern zu gehören, endlich einen richtigen Namen zu erhalten! Aber dazu musste man stets zu den Besten gehören.

Doch Kleiner Fuß würde nicht zu den Besten gehören, das wusste Yucca und darum war sie traurig. Sie liebte ihren Bruder. Eigentlich war Kleiner Fuß nur ihr Halbbruder. Die Mutter war bei seiner Geburt gestorben. Irgendetwas in ihrem Bauch war nicht in Ordnung gewesen, als sie das Kind erwartete. Yucca wusste das von der Weisen Frau. Sie war es auch ge-

Totempfahl
→ S. 138

wesen, die das Kind aus dem Körper der Sterbenden
geschnitten hatte. Das Kind blieb am Leben.

Ein Junge. Ja, es war ein Junge. Doch Biberzahn, der
Vater, empfand keine Freude, als er das Neugeborene
sah. Jeder konnte es erkennen: Das ungewöhnlich winzige Kind war verkrüppelt. Sein rechtes Bein war dünner und kürzer als das linke, am rechten Fuß waren die
Zehen kaum wahrzunehmen. Ob Biberzahn um seine
Frau trauerte, hatte Yucca nie erfahren, doch dass er
sich seines Sohnes schämte und ihn sogar verachtete,
das war im Laufe der Jahre immer deutlicher gewor-
den. Kleiner Fuß wuchs langsamer als andere Kinder
und er würde nie die Körpergröße der Gleichaltrigen
erreichen. Schwächling! So verspottete Biberzahn seinen Sohn. Yucca hasste darum den Vater.

Sie war zwei Jahre nach Kleiner Fuß von seiner
anderen Squaw geboren worden. Weil Maisblüte
in der Nacht, bevor die Wehen begannen, von einer
Yucca-Pflanze aus ihrer Heimat geträumt hatte, gab
sie ihrem Kind den Namen Yucca. Maisblüte hatte einmal zu einem Navajo-Stamm gehört, Pueblo-Indianer
vom Rand der Wüste. War sie geraubt worden? War
sie geflohen? Waren die anderen aus ihrer Sippe ausgelöscht worden? Niemand sprach darüber, schon gar
nicht die Mutter.

Aber Maisblüte hatte ihrer Tochter von der Pflanze mit den harten Blättern erzählt, die weit, weit im
Süden aus dem Sand wächst und aus deren Mitte ein
hoher Stängel mit einer weißen Blume sprießt. Yucca!
Hatte die Mutter vielleicht Sehnsucht nach jenem

Squaw
→ S. 138

Land, in dem die Yucca-Pflanzen blühen? Sie sagte es nicht, sie war eine schweigsame Frau. Yucca liebte ihre Mutter und sie mochte den Klang des Namens Yucca.

Doch kaum jemand im Dorf nannte sie bei diesem Namen. Büffelmädchen: So wurde sie gerufen. Ein glücklicher Augenblick war es gewesen, als die Weise Frau das Kind aus dem Schoß von Maisblüte zog, glücklich für alle im Dorf der Schoschonen, denn nach langen Tagen waren die Männer von der Büffeljagd heimgekehrt. Frauen und Kinder liefen ihnen jubelnd entgegen. Dass die Jagd solch reiche Beute gebracht hatte!

Voran im Zug der Jäger ritt der Medizinmann, der die Heilige Pfeife und den Lederbeutel mit der Großen Medizin hütete – Voraussetzungen für das Jagdglück. Die Männer auf den erschöpften Pferden blickten stolz. Schwer beladen waren die Schleppgestelle, die von hechelnden Hunden gezogen wurden: Berge von Häuten und Knochen, blutige Fleischbrocken, übersät von Fliegen und Moskitos. Auf den Schleppschlitten waren auch die Tipis, die leichten Zelte für die Jagdreise, und die Speere verschnürt.

Die Jäger streckten Bogen und Pfeilbündel in die Höhe, als sie durch das Tor des Schutzwalles ins Dorf ritten. Ein Dank an die Büffel, die dem Stamm für viele Monde Kraft zum Leben schenkten. Am Abend würden die Männer singen und tanzen zu Ehren der Büffel, die ihnen Nahrung und Decken gaben, Häute für die Zelte, Knochen, aus denen Werkzeuge, Speer- und Pfeilspitzen entstanden. Aus den Hörnern fertig-

Schoschonen
→ S. 138

Tipi
→ S. 138

Mond
hier: Monat

ten sie starke Bogen, aus den Hufen kochten die Männer Leim. Und die Frauen konnten die Haare der Felle
zu Nähfäden drehen und aus dem Gebein Nadeln,
Schmuck und Kämme schnitzen.

Zu dieser Stunde der Freude kam das Mädchen
Yucca auf die Welt. Die Weise Frau wusch das Kind
und legte es der Mutter in den Arm.

Ob der Vater, der von der Jagd kam, sich über die
Geburt des Kindes gefreut hatte, erfuhr Yucca nie.
Wahrscheinlich hatte Biberzahn sich nur wortlos
über das Neugeborene gebeugt. Eine Tochter, nur eine
Tochter. Also wieder kein gesunder Sohn, der einmal
stark und tapfer sein würde und seinem Vater großen
Ruhm und viel Ehre einbrachte.

Frauen kümmerten sich um die Kinder, nur
die Frauen. So war es üblich bei den Stämmen der
Schoschonen. Zu Hilfe kamen höchstens einmal die
Brüder der Mütter. Hatte Biberzahn denn wenigstens
hin und wieder einen Blick oder ein freundliches Wort
für ihren Halbbruder oder für sie gehabt? Yucca konnte sich nicht daran erinnern.

Der Falke kreiste nicht mehr. Vielleicht hatte er
eine Beute geschlagen. Eine Taube oder einen Renn-
kuckuck. Auch die große Trommel war verstummt.
Die Wettkämpfe begannen. Yucca erhob sich aus dem
Gras, um einen besseren Blick zu haben. Aber wollte
sie wirklich zuschauen? Die Traurigkeit ließ ihr Herz
schneller schlagen.

Die Schar der kraftstrotzenden Jungen, die sich
schon wie Männer gebärdeten, und dazwischen ihr

schmächtiger Bruder. Wie immer liefen sie zuerst um
die Wette. Der Häuptling gab das Handzeichen. Die

stieben
schnell laufen

Läufer stoben davon. Es galt, den Totempfahl zu um-
runden und zurück über die Ebene zum Startplatz zu
rennen, und wer als Erster am Ziel die weiße Feder   5
vom Baum riss, durfte sie behalten und sich als Sieges-
zeichen ins Haar stecken. In seltsamen Hüpfsprüngen,
die die Kinder zum Lachen brachten, lief Kleiner Fuß
dem Pulk der anderen hinterher.

    Yucca spürte die Kälte, die in ihr aufstieg. Kleiner   10
Fuß, der Verlierer, immer der Verlierer. Beim Schein-

Tomahawk
→ S. 138

kampf mit dem Tomahawk, beim Weitwurf mit den
schweren Steinen, beim Mastklettern: Kleiner Fuß
konnte nicht mithalten mit der Kraft und der Schnelligkeit und dem Geschick der anderen Jungen. Den   15
Besten galten die bewundernden Rufe und das An-
sporngeschrei der Zuschauenden, für Kleiner Fuß gab
es nur mitleidigen Spott.

    Auf schnellen Pferden preschten sie dann, gellend
jauchzend, über die Grasebene. Kleiner Fuß war kein   20
schlechter Reiter. Doch im Galopp den langen Speer in
die aufgespannte Zielscheibe aus Elchleder zu schleu-
dern: das schaffte er nicht.

    Fast unbewusst verließ Yucca Schritt für Schritt
den Hügel, da war der brennende Wunsch, dem Bru-   25
der beizustehen, doch sie konnte ihm ja nicht helfen.
Schon gar nicht bei den Ringkämpfen. Kleiner Fuß
gegen den aufgeschossenen, sehnigen Springender
Fisch. Der machte sich einen Spaß daraus, mit seinem
dünnen Gegner geradezu zu spielen und ihn dem Ge-   30

lächter auszusetzen. Wenn sie diesem Angeber doch in den Nacken springen und ihn würgen könnte! Doch Yucca musste es ohnmächtig ansehen, wie ihr geliebter Bruder in den Staub gedrückt wurde. Nur nicht weinen, nur keine Gefühle zeigen!

Bogenschießen. Wie immer endete der Wettkampf mit dem Bogenschießen, so war es seit jeher Brauch. Aus großer Entfernung schossen sie schnell ihre Pfeile, dass es nur so zischte, auf bemalte Rundschilde aus Büffelhaut. Da waren Schützen unter den jungen Männern, die es schon mit den Kriegern des Stammes aufnehmen konnten.

Kleiner Fuß war zu erschöpft vom Ringkampf. Er konnte den großen Bogen nicht ruhig halten, er spannte die Sehne nicht weit genug. Matt fielen seine Pfeile ins Gras. Nur ein einziger senkte sich in den Rand der Zielscheibe. Fünf Pfeile – ein Treffer. Kleiner Fuß, der Verlierer.

Yucca zitterte vor Furcht, als sie in das Gesicht ihres Vaters schaute. Voll Zorn riss Biberzahn den Pfeil aus dem Schild und zerbrach ihn über dem Knie. Dann schleuderte er die Pfeilstücke seinem Sohn vor die Füße und spuckte aus. Kleiner Fuß stand regungslos da, hilflos und kraftlos wie ein Verletzter ließ er den Bogen fallen und senkte den Kopf.

In Biberzahns Stimme schwangen Hohn und Scham mit. „Du hast Schmach und Schande über mein Haus gebracht. Deine Demütigung ist auch meine Demütigung. Du wirst nicht mehr an meinem Feuer sitzen. Ich verstoße dich."

Nein!, wollte Yucca schreien, du darfst doch deinen Sohn nicht verachten. Ist es denn seine Schuld, dass sein Körper so schwach ist? – Yucca schrie nicht. Sie war gelähmt von der großen Traurigkeit.

„Verlass das Dorf!" Mit wütender Geste wies Biber- zahn in die Richtung, in der weit, weit weg die Berge ragten. „Beweise mir, dass du kein Schwächling bist, kein Wurm, keine Maus, kein Feigling! Hörst du mich? Bring mir das Fell eines weißen Büffels und stelle meine Ehre wieder her! Erst dann findest du wieder einen Platz in meinem Haus und an meinem Feuer." Kleiner Fuß nickte stumm.

Mit schmerzendem Herzen blickte Yucca später ihrem Bruder nach, als er das Dorf verließ. Biberzahn hatte ihm nur das Messer gelassen und fünf Pfeile für seinen Köcher. Kleiner Fuß hatte kein Pferd, keine Decke, keine Nahrung. Yucca wusste, dass sie ihm jetzt nicht nachlaufen durfte, denn das hätte alles noch schlimmer gemacht. Sie sah, wie der Bruder dem Ufer zustrebte und sich flussaufwärts entfernte. Das Büffelland lag jenseits der Berge. Ein endlos langer und gefahrvoller Weg. Bald war Kleiner Fuß nur noch ein winziger Punkt, der sich im Dunst verlor.

„Mein armer lieber Bruder!", flüsterte Yucca.

Die Weise Frau

Silberweiß war ihr Haar. Gefurcht das Gesicht wie ausgebleichtes Leder, zahnlos der Mund, die Nase krumm wie ein Geierschnabel. Niemand im Dorf wusste ihr Alter, vielleicht kannte sie es selber nicht, vielleicht hatte sie die Jahre nie gezählt. Es schien so, als ob sie schon immer eine uralte Frau gewesen war. Sie konnte Verletzungen heilen und Schmerzen lindern, Wunden schließen mit allerlei Kräutern und geheimnisvollen Dämpfen, Verwirrte besänftigen und Trauernde trösten. Fast alle besuchten die Weise Frau, wenn sie Rat und Hilfe brauchten, nur wenige gingen zum Medizinmann. Es wurde behauptet, die Weise Frau könne die Zukunft in den Sternen lesen. Manchmal verließ sie ganz plötzlich das Dorf, ritt auf ihrem gescheckten Pferd hinaus ins weite Land und kehrte erst nach Tagen zurück. Hatte sie Zwiesprache gehalten mit den Ahnen? War sie auf der Suche nach Heilpflanzen gewesen? Wollte sie Ruhe und Verzückung finden an heiligen Orten?

Yucca hatte schon immer viel Zeit im Haus der Weisen Frau verbracht. Dann lauschte sie den Erzählungen der Greisin, die leise sprach, als befände sie sich im Halbschlaf oder im Traum, doch die lebhaften Blicke aus den dunklen Augen ließen erkennen, dass die murmelnde Frau hellwach war.

„Erklär mir Manitu!", hatte Yucca einmal gefordert. „Wer ist er? Wie kann ich ihn erkennen?"

„Man kann ihn nicht erklären", hatte die Weise

Frau geantwortet, „man weiß nicht, wer er ist, denn er ist niemand, und man kann ihn nicht erkennen. Er ist keiner der Götter, er weilt nicht bei den Ahnen. Er ist der Große Geist, der Atem, der alles beseelt: die Steine, die Pflanzen, die Tiere und die Menschen. Er ist in allem, er ist auch in dir, Büffelmädchen."

„Das kann ich nicht verstehen, Weise Frau."

„Niemand kann das verstehen, versuch es also nicht. Er ist das Geheimnis. Du kannst ihn nicht rufen, denn er ist immer da. Vielleicht wirst du ihn eines Tages spüren – wer weiß. Die Krieger wollen ihn beschwören mit Gesängen und Trommeln und Tänzen, doch der Große Geist ist unerreichbar. Wir können ihn nicht suchen, aber er findet uns."

Merkwürdige Worte. Sie hatten Unruhe in Yuccas Gedanken entzündet. Aber hatte die Frau, die so manche Krankheit heilen konnte, auch wirklich recht mit dem, was sie von Manitu erzählte? Die alte Weise Frau …

Yucca schlüpfte durch den Türtunnel in das kleine Lehmhaus. Süßlich-würziger Duft, der aus der Feuerstelle aufstieg, verlieh dem Raum einen weihevollen Zauber. Yucca kannte diesen Geruch, doch wie immer war ihr, als sei sie in eine andere Welt eingetreten. Die Weise Frau hockte neben dem Hausaltar auf den weichen Rehfelldecken ihrer Schlafstelle und rauchte ihre Tonpfeife mit dem langen Maisstängelrohr.

„Ich habe schon auf dich gewartet, Büffelmädchen."

„Du wusstest, dass ich kommen würde?"

Die alte Frau verzog den Mund zu einem Lächeln.

„Du kannst in meinem Haus die Nacht verbringen. Dies war ein schlimmer Tag für dich. Wir müssen miteinander sprechen. Kleiner Fuß braucht deine Hilfe."

„Aber wie kann denn ich ihm helfen?" Yucca breitete verzweifelt die Arme aus. „Ich bin doch nur ein Mädchen!"

„Sei nicht so ungeduldig", mahnte die Weise Frau und wies mit dem Pfeifenstiel auf den Brennholzstapel. „Setz dich!"

Zögernd setzte sich Yucca auf die Holzscheite. „Sag mir, Weise Frau, warum ist mein Vater so grausam zu meinem Bruder?"

„Biberzahn fühlt sich in seiner Ehre verletzt, fühlt sich gedemütigt und beleidigt, fühlt sich verspottet. Das entzündet Jähzorn in ihm. Macht er es sich zu leicht, wenn er seine Gefühle an Kleiner Fuß auslässt? Vielleicht. Ich glaube, er empfindet vor allem Schmerz. Darf ein Krieger Schmerz zeigen oder sogar Mitleid? Die dummen, stolzen, hochmütigen Männer!" Die alte Frau kicherte ein unfrohes Lachen, sog dann heftig an ihrer Pfeife und stieß Qualm aus den Nasenlöchern.

„Kann es sein, dass Biberzahns Wut sich gegen ihn selber richtet? Kann es auch sein, dass er sich mit Schuldgefühlen plagt? Er hat einen Sohn gezeugt, der mit einer Behinderung geboren wurde, der bei den Wettkämpfen unterliegt, mit dem er sich nicht rühmen kann. Schmerz und Scham und Selbstzweifel werden zu Zorn, Zorn auf sich selbst."

„Aber warum bestraft er dann meinen Bruder?",
schrie Yucca. „Das ist doch ungerecht!"

„Ja, das ist ungerecht. Und darum musst du deinem
Bruder helfen. Wann findet sich schon mal ein weißer
Büffel in einer Herde! Ich bin mir sicher, dass Biberzahn selber noch nie einen weißen Büffel gesehen
hat. Von weißen Büffeln, die dem Jäger ewigen Ruhm
bescheren, wird an den Lagerfeuern viel geredet. Le-
genden! Hat irgendein Mann aus unserem Dorf jemals
einen weißen Büffel erlegt? Ich wüsste es, denn ich bin
schon sehr alt."

Eine Weile war Stille. Dann sagte Yucca leise:
„Mein Vater schickt Kleiner Fuß in den Tod. Nur fünf
Pfeile hat mein Bruder und ein Messer. Er hat kein
Pferd, keine Nahrung und keine Decke. Dabei muss er
doch das Gebirge überqueren, wo es in den Nächten
furchtbar kalt wird. Wie soll er das überleben?"

Die Weise Frau antwortete: „Kleiner Fuß ist nicht
kräftig, aber in seinem Kopf sind kluge Gedanken.
Durch seine Behinderung hat er gelernt, besonders
vorsichtig zu sein, und er kennt sich aus im Grasland
und in den Wäldern."

„Aber er hat nichts bei sich, um ein Feuer zu machen!"

Die Weise Frau klopfte die Pfeife über der Feuerstelle aus und fasste beruhigend Yuccas Hände. „Kleiner Fuß wird überleben, wenn du ihm hilfst. Seine
Suche nach einem weißen Büffel wird vergeblich sein.
Er darf nicht wie ein Ausgestoßener umherirren. Folge
deinem Bruder und bring ihn zurück!"

Das runzlige Gesicht der alten Frau berührte jetzt fast Yuccas Gesicht, ihre Augen schienen im Halbdunkel zu leuchten.

„Aber mein Vater …“

Die Weise Frau lachte höhnisch. „Selbst ein Dummkopf wie Biberzahn wird begreifen, dass er in seiner Erregung einen schweren Fehler begangen hat. Und der Rat der Ältesten wird ihn tadeln, denn nur der Häuptling hat das Recht, jemanden aus dem Stamm zu verbannen. Biberzahn wird erleichtert sein, wenn du seinen Sohn heimholst ins Dorf.“

Yucca zerrte voll Traurigkeit und Verzweiflung an ihren Haaren. „Aber wenn Kleiner Fuß nicht zurückwill? Und wie soll ich ihn finden da draußen im weiten Land?“

„Du wirst dich in seine Gedanken versetzen“, sagte die Weise Frau, „das kannst du, denn du liebst deinen Bruder. Frag dich: Welchen Weg würde ich nehmen, wenn ich über die Steppe und durch die Wälder den Bergrücken zwischen den hohen Felsen erreichen will? – Denk die Gedanken deines Bruders, Büffelmädchen! Und meine Gedanken werden dich begleiten und dir Mut geben.“

„Aber es wird doch bald Nacht“, wandte Yucca ein, „im Dunkeln kann ich seine Spur doch nicht finden. Außerdem hat Kleiner Fuß einen großen Vorsprung, auch wenn er nicht schnell laufen kann. Er ist schon weit weg.“

„Du wirst bei Tagesanbruch die Suche beginnen und du wirst nicht laufen, sondern reiten.“

„Aber ich habe doch kein Pferd, Weise Frau!"

„Du wirst mein Pferd nehmen."

Yucca widersprach nicht. Sie musste Ordnung in ihre Gedanken bringen. Einerseits war da der brennende Wunsch, bei ihrem einsamen Bruder zu sein, um ihm beizustehen, andererseits wurde sie von der Furcht gequält, seine Fährte nicht zu finden und sich selber irgendwo in den Wäldern oder im Gebirge zu verirren. Noch niemals hatte sie sich allein weit vom Dorf entfernt. Sie sagte: „Gut. Bei Tagesanbruch mache ich mich auf den Weg. Aber Biberzahn darf es nicht erfahren."

„Nein, das darf er nicht. Ich werde schweigen."

„Und was ist mit meiner Mutter? Sie wird nach mir suchen."

„Hab keine Sorge, Büffelmädchen. Ich spreche mit Maisblüte. Sie vertraut mir." Die alte Frau stand vom Lager auf und kniete vor der Feuerstelle nieder. Dann fachte sie pustend das Feuer zu hellerer Glut an und bröselte getrocknete Kräuter in die Flämmchen.

Yucca wiederholte ihre Frage. „Was ist, wenn Kleiner Fuß gar nicht zurückwill? Vielleicht finde ich ihn, aber sein Stolz lässt es nicht zu, dass er wie ein Feigling gekrochen kommt … "

Die Traurigkeit schnürte ihr den Hals zu. Nach einer Weile sagte Yucca leise: „Biberzahn hat ihn Wurm genannt und Maus. Seine Ehre ist verletzt. Kann es nicht sein, dass er lieber sterben will, als … "

Die Weise Frau unterbrach Yucca scharf. „Kleiner Fuß darf sein Gesicht nicht verlieren, das ist klar. Ihr müsst einen Weg finden, dass er voll Stolz seinem Vater begegnen kann."

„Aber wie soll das möglich sein?"

„Das weiß ich nicht, vielleicht wird es sich ergeben", antwortete die Weise Frau ausweichend. „Der Beweis einer mutigen Tat. Es lauern viele Gefahren."

Gefahren! Das Wort löste in Yuccas Kopf beängstigende Vorstellungen aus. Was die Männer so redeten abends am Feuer, wenn sie von den Erlebnissen ihrer Jagden berichteten! Waren das nur Prahlereien oder war das alles wirklich geschehen? Wilde Tiere, feindliche Krieger, Unwetter in den Bergen, stürzende Pferde ... Und jetzt ist mein Bruder ganz allein dort draußen. Welche Bedrohungen warteten auf ihn? Yucca dachte auch: Welche Bedrohungen warten auf mich, wenn ich nach ihm suche?

Den Gedanken, dass sie und Kleiner Fuß sterben könnten, dachte Yucca an diesem Abend im Haus der Weisen Frau nicht, weil er ihr zu fremd war.

„Du wirst eine wärmende Felldecke mitnehmen, Büffelmädchen, und Dörrfleisch und geröstete Maiskörner. Ich habe eine Tasche für dich vorbereitet. Ein scharfes Messer wirst du brauchen und einen Feuerbohrer mit Zundermoos."

„Aber ich kann mit dem Bohrstab nicht umgehen. Ich habe noch nicht gelernt, Feuer zu machen. Nein, Weise Frau, das kann ich nicht."

„Unsinn! Wenn es nötig ist, wirst du es können. Es kann gut sein, dass euch das Feuer das Leben retten

Dörrfleisch getrocknetes Fleisch

Zundermoos getrocknetes Moos zum Anzünden

wird. Hab Vertrauen zu dir selbst und zu den Ahnungen einer alten Frau."

„Ich will es versuchen."

„Ich sagte dir, dass ich in meinen Gedanken bei dir sein werde. Hör in der Gefahr auf meine Stimme."

„Auch das will ich versuchen. Darf ich wirklich in dieser Nacht in deinem Haus schlafen?"

„Ich habe den Schlafplatz für dich schon bereitet." Die Weise Frau zeigte auf eine Nische nahe beim Eingang. „Ruh dich aus, Büffelmädchen. Der Tag wird früh für dich beginnen. Ich wecke dich, wenn die Zeit zum Aufbruch gekommen ist."

Yucca lag reglos auf dem weichen Lager. Ihr Körper war schwer und müde, doch in ihren Gedanken war noch so viel Unruhe, dass sie nicht einschlafen konnte. Sie nahm Geräusche wahr: das leise Knistern und Knacken des Feuers, Rufe der Wächter von der fernen Pferdeweide her, das Schmatzen der Tabak rauchenden alten Frau, Rascheln im Gebälk der Lehmhütte, Vogelschreie, das Raunen des Windes.

„Wo bist du jetzt, lieber Bruder?", flüsterte sie.

Vielleicht lag es am Duft der Kräuter, dass Yucca endlich in einen tiefen, traumlosen Schlaf fiel. Die Weise Frau strich ihr sanft über die Stirn, das spürte Yucca aber nicht.

Die große Steppe

Es war die frühe Zeit, zu der ein fahler Lichtschein am Horizont die Morgendämmerung ankündigt, der Schimmer, der alles grau färbte, auch das Gesicht der Weisen Frau, die sich über Yucca beugte und sie ₅ aus dem Schlummer weckte. Der Vorhang vom Eingangstunnel war aufgezogen. Ein kalter Luftzug drang ins Lehmhaus. Das Feuer war in der Nacht erloschen.

„Es ist Zeit zum Aufbruch, Büffelmädchen."

Noch trunken vom Schlaf und fröstelnd stand ₁₀ Yucca von ihrem Lager auf und wischte sich die Haarsträhnen aus dem Gesicht. Den Maisfladen, den die alte Frau ihr reichte, kaute sie widerwillig, doch den bitteren Kräutertrank schlürfte sie beinahe gierig. Das Gefühl von Furcht und Unruhe und Sehnsucht nach ₁₅ ihrem Bruder schmerzte im Kopf und im Bauch.

„Ich habe das Pferd schon von der Weide geholt", sagte die Weise Frau, „es wartet draußen auf dich. Hier, nimm diese Tasche. Häng sie dir über die Schulter. Und geh sparsam mit der Nahrung um, hörst du? ₂₀ Am Waldrand wirst du Beeren finden."

Yucca nahm die Ledertasche, der Riemen kniff ein wenig am Hals. Das Messer in der verzierten Scheide befestigte sie an ihrem Gürtel. Der Herzschlag pochte in ihren Ohren. Yucca schlüpfte in die Mokassins aus ₂₅ weichem Wildleder und zog die Schäfte hoch über die Knöchel. Dann folgte sie der Weisen Frau ins Freie. Die Morgenkälte, die ihr entgegenschlug, ließ sie erzittern. Milchiger Nebel hüllte das Dorf ein,

Mokassins
→ S. 138

Schaft
hier: oberer Teil
des Stiefels

die Umrisse der Häuser waren kaum zu erkennen.

Die stämmige kleine Stute, bunt gescheckt, prustete sich Feuchtigkeit aus den Nüstern. Auch das Fell war nass vom Nebel. Aufmerksam schaute das Pferd das Mädchen an. Die alte Frau strich die Reitdecke glatt. Geschmeidig sprang Yucca auf. Sie legte die Fellrolle, die die Weise Frau ihr reichte, vor sich auf den Widerrist der Stute.

Widerrist
Aufwölbung am vorderen Rücken

„Ist es noch immer dein fester Wille, deinen Bruder zu suchen?"

„Es ist mein fester Wille."

„Dann ist es gut. Pass auf dich auf, Büffelmädchen! Gebrauche deine Augen, deine Ohren und deinen Verstand. Und vergiss nicht, dass meine Gedanken bei dir sind."

„Ich danke dir für deine Hilfe, Weise Frau."

„Nun reite schon!"

Yucca griff nach den Zügeln. Auf ihr Schnalzen setzte sich das Pferd in Bewegung und fiel in einen leichten Zotteltrab. Die Geräusche von Schlafenden waren zu vernehmen. Aus einigen Häusern drangen schon leise Stimmen. Yucca schaute sich nicht um. Ob Maisblüte sich Sorgen machte? Yucca vertrieb diesen Gedanken. Es kam manchmal vor, dass sie in den Häusern anderer Familien die Nacht verbrachte. An Biberzahn dachte sie nicht.

Dann wurden die Hunde vom Trappeln des Pferdes aufgeweckt. Aus allen Winkeln kamen sie gewetzt, winselten, knurrten, hechelten und umsprangen die Beine des Pferdes. Die Stute scheute nicht.

Yucca schlug mit der Deckenrolle nach den Hunden. „Verschwindet! Wollt ihr das ganze Dorf aufwecken? Ich bin's, ihr kennt mich doch."

Beim Tor des Ringwalles löste sich eine Gestalt aus der Dunkelheit. Yucca wusste, wer der Mann mit Speer und Schild war, der am Ausguck die Nachtwache hielt.

„Halt! Wer bist du?"

„Yucca Büffelmädchen. Öffne mir das Tor, Vier-schwarze-Federn! Ich will zum Fluss."

„Es ist doch noch nicht Tag!"

„Ich will bei Sonnenaufgang an der großen Biegung sein. Das ist die beste Zeit zum Fischen."

„Du hast keinen Speer bei dir."

Yucca wies auf den Lederbeutel, den sie am Rücken trug. „Ich will die Fische nicht mit dem Speer jagen, ich habe eine Angelschnur und ein Netz. Nun mach endlich das Tor auf!"

Vier-schwarze-Federn hob den Verschlussbalken aus der Verankerung. „Aber entfern dich nicht zu weit vom Dorf, Büffelmädchen. Es wird geredet, dass sich im Grasland vor den Wäldern fremde Jäger befinden. Du weißt, was das bedeutet."

Yucca erschrak, das ließ sie sich aber nicht anmerken. „Ich werde vorsichtig sein. Schau, die Dämmerung beginnt!"

Das Tor schwang auf. Yucca drückte dem Pferd die Fersen in die Lenden. Kleine Vögel stoben im Schilfgras auf, als die Reiterin den Uferpfad erreichte. Auf diesem Pfad hatte sich Kleiner Fuß flussaufwärts entfernt, also folgte Yucca dem Pfad. Sie sah Enten, die im

Schlamm dösten oder im seichten Wasser dümpelten. Der Flüsterwind blies den Dunst in kleinen Wirbeln weg vom Fluss. Da sprangen Fische, da raschelte es geheimnisvoll im Gestrüpp, da kündeten Tierstimmen den beginnenden Tag an.

Und dann ging gleißend die Sonne auf.

Erste Strahlen blitzten wie Feuerpfeile über das Wasser. Yucca wandte das Gesicht in den leuchtenden Glanz. Selbst durch die geschlossenen Lider drang das Licht. Es war, als ob das Frühlicht das Land zum Klingen brachte. Das machte der Reiterin Mut. Der kühle Wind prickelte auf der Haut. Yucca trieb das Pferd zur Eile an.

„He, Pferd, ich kenne deinen Namen nicht. Hast du überhaupt einen Namen? Sei ein gutes Pferd, trag mich zu meinem Bruder!"

Die Stute ließ die Ohren spielen. Vielleicht war das eine Antwort auf Yuccas schmeichelnde Worte, vielleicht wollte sie auch nur die Moskitos vertreiben, die mit der beginnenden Tageswärme zu schwärmen anfingen. Zur rechten Seite dehnte sich der Fluss, der hier breit und flach war und nur träge strömte, links wucherten Büsche und Stauden. Oft musste sich die Reiterin niederducken, wenn dornige Ranken nach ihr griffen.

Wie weit war Kleiner Fuß am Abend noch auf diesem Pfad gewandert? Es war seit langer Zeit kein Regen gefallen, der elastische Grasboden war trocken. Vergeblich spähte Yucca nach Fußspuren aus. Sie überlegte: Kleiner Fuß muss erschöpft gewesen sein von den Wettkämpfen, das verkrüppelte Bein muss vom langen Laufen geschmerzt haben, die Dunkelheit muss ihm die Entscheidung erschwert haben, wann er sich vom Fluss abzuwenden hatte, um die große Steppe zu durchqueren – hin zu den fernen Bergen.

War Kleiner Fuß irgendwo hier in die Büsche gekrochen, um die kalte Nacht zu überstehen? Er hatte nichts zu essen, er hatte keine Decke, er konnte kein Feuer machen ...

Eine Elster fuhr kreischend aus dem Unterholz auf. Das Pferd scheute nur kurz. Yucca tätschelte ihm beruhigend den Hals.

Die Weise Frau hatte gesagt: „Du wirst dich in seine Gedanken versetzen." Und Yucca dachte jetzt: Ich bin Kleiner Fuß, ich habe das Ufer noch nicht verlassen, ich will noch nicht auf die Steppe hinaus.

Yucca ritt weiter. Die Unruhe wurde stärker.

Plötzlich schreckte Yucca aus den Gedanken auf. Da blitzte etwas zwischen den Wasserpflanzen in den schräg einfallenden Sonnenstrahlen. Noch bevor das Pferd zum Stehen kam, glitt Yucca von seinem Rücken und hastete den Uferhang hinunter, stolpernd, schlitternd, stürzend.

Ein gefiederter Pfeil!

Zitternd vor Aufregung schnitt Yucca mit ihrem Messer einen Weidenzweig ab und zog damit den Pfeil zu sich heran. Sie erkannte sofort, dass der Pfeil noch nicht lange im Wasser gelegen haben konnte, und sie sah auch, dass der Pfeil von der Art war, wie die alten Männer in ihrem Dorf die Pfeile herzustellen pflegten. – Ein Pfeil von Kleiner Fuß?

Hatte ihr Bruder vielleicht früh am Morgen versucht einen Fisch, eine Fluggans oder ein Truthuhn zu erlegen? Er musste doch hungrig sein. Wenn der Pfeil von Kleiner Fuß stammte, dann hatte er sein Ziel verfehlt. Wahrscheinlich war der Pfeil erst später ins Gewirr der Uferpflanzen gespült worden, denn sonst hätte Kleiner Fuß ihn doch zurückgeholt. Er besaß ja gerade mal fünf Pfeile! Und jetzt hatte er nur noch vier. Yucca schob den Pfeil in ihren Lederbeutel.

Dass Kleiner Fuß so zäh war! Die gescheckte Stute war zügig gelaufen, aber Yucca hatte ihren Bruder noch immer nicht eingeholt. Sie begriff, dass er auch in der Nacht seinen Weg fortgesetzt hatte. Woher nahm er diese Kraft?

Yucca zerrte das Pferd die Böschung hinunter zum Wasser. Es musste saufen, denn in der Steppe würde es kein Wasser geben. Sie kniete sich in den Sand und trank aus der hohlen Hand. Dann schob sie sich ein Stück Pemmikan in den Mund und kaute das zähe Dörrfleisch zwischen den Zähnen geduldig weich, bis sie es essen konnte. Sie suchte auch nach Fußspuren im sandigen Grund, doch sie fand keine.

Pemmikan
→ S. 138

War dies die Stelle, an der Kleiner Fuß den Fluss verlassen hatte, um die Richtung zu den Bergen einzuschlagen? „Ich muss mich in seine Gedanken versetzen", flüsterte Yucca. Sie schaute zu dem fernen Kamm, der weiß im Sonnenlicht erstrahlte. Hier, dachte sie, hier würde ich abbiegen, um mich dem Bergrücken zuzuwenden, denn er liegt ganz gerade vor meinem Blick. Das ist die kürzeste Strecke für den Weg über die Grasebene. Die Zeit drängte, sie wollte aufbrechen, doch sie wusste,

Kamm
hier: schmaler Gebirgsrücken

dass ihr Pferd eine Pause brauchte, um an den harten
Salzkräutern und an den Nussbüschen zu knabbern.
Also wartete Yucca, so ungeduldig sie auch war. Immer
wieder fragte sie sich: Wie groß war der Vorsprung,
den ihr Bruder hatte? Würde sie seine Gestalt auf der
leeren Steppe entdecken? War Kleiner Fuß überhaupt
noch auf der Suche nach einem weißen Büffel?

Yucca ritt weiter und weiter und hatte jedes Gefühl
für die Zeit verloren. Der verzerrte Schatten der Reiterin und ihres Pferdes nahm bizarre Formen an. Mittag war vorüber. Wieder und wieder ließ Yucca den
Blick schweifen, doch sie nahm nichts anderes wahr
als die schier endlose Grasfläche, die vom Wind wie
in einen gigantischen See mit rollenden Wellen verzaubert wurde. Gelb und braun das trockene Gras auf
staubigem Grund. Da und dort tanzten Staubteufel,
dürre Salbeibüschel wurden aus dem Boden gezerrt
und rollten über die Fläche. Das Pferd scheute, wenn
sie ihm vor die Füße kamen. Nur nicht stürzen, dachte
Yucca, nur nicht stürzen!

Der wimmernde Wind. Das war ein Klagen und
Weinen. Dass Wind so traurig machen kann! Trotzig
sang Yucca gegen das Windgejammer an, die Gedanken der Weisen Frau waren doch bei ihr. Das Lied
kannte sie von den Tänzern:

„Kommt auf dem Pfad des Gesanges,
wo man die Fußspur nicht sieht,
Götter der Schoschonen,
über den Regenbogen. Kommt, kommt!"

Es war ein trockener, heißer Wind, der die Feuchtigkeit aus der Haut sog. Herbsthitze. Zuweilen schwammen Schleierwolken vor der Sonnenscheibe und verdunkelten für Augenblicke das weite Land. Das war wie ein Spuk. Yucca erschauderte, sie spürte, wie die Hitze in ihrem Kopf pochte, doch da perlten keine Schweißtropfen auf ihrer Stirn, da tickte nur ein dumpfer Schmerz, der die Gedanken zu benebeln drohte. Trugbilder gaukelten ihr Erscheinungen vor. Stand dort nicht reglos eine Gestalt und schaute sie an? „Kleiner Fuß!", schrie Yucca voll Freude. Doch dann war es bloß der dürre Stängel einer Wermutpflanze. Wedelte nicht in der Ferne ein dünner Mensch lebhaft mit den Armen? „Kleiner Fuß!" Doch im Näherkommen erkannte Yucca, dass sich eine hohe Distel im Winde wiegte.

„Weise Frau, schick mir deine Gedanken!", schrie Yucca.

Das Pferd zuckte zusammen, trottete dann aber zügig weiter. Yucca fingerte Maiskörner aus ihrem Beutel und lutschte sie, damit sich wieder Speichel im Mund bildete. Das Schlucken tat weh. Kleine Hügel unterbrachen auf einmal das Einerlei der Grasebene, und da bewegten sich braune Körper, flitzten hin und her und schienen dann zu erstarren.

Präriehunde! Ein schriller Pfiff ertönte. Blitzschnell verschwanden die großen Nagetiere da und da und da in den Erdhöhlen und ließen nur ihren strengen Geruch zurück.

Yucca hielt sofort ihr Pferd an und sprang ab. Sie

wusste, dass das Höhlengewirr der scheuen Präriehunde höchste Gefahr bedeutete. Schon viele Pferde hatten sich in den Löchern, die zum unterirdischen Bau
einer Präriehundesiedlung führten, Beine und Fesseln
gebrochen. Behutsam mit den Füßen tastend, bewegte
Yucca sich vorwärts und zog das Pferd an den Zügeln
hinter sich her. Nur keinen falschen Schritt machen!

Die Stute blies Staub aus den Nüstern. Hin und
wieder schnoberte sie nach den Knospen welker Blumen und nach harten Gräsern. Als Yucca wieder auf
ihren Rücken glitt, fiel sie in einen leichten Trab.

Der schwarze Waldhang am Ende der Steppe war
näher gerückt. Wieder und wieder ließ Yucca den Blick
schweifen. Von Büschen und Zweigen, die vom Wind
bewegt wurden, ließ sie sich nicht mehr täuschen.
Aber da konnte sie ausspähen, bis die Augen brannten:
Ein einsamer Wanderer war nicht zu sehen. Die Leere
der Landschaft machte sie mutlos. Quälender Zweifel
setzte ihr zu. War es wirklich möglich, dass ihr Bruder mit dem verkrüppelten Bein eine solche Strecke
geschafft hatte und sich noch immer vor ihr befand
– irgendwo am Rande des Waldes vielleicht?

Aber Yucca wischte den Gedanken an eine Umkehr
weg. Weiter, weiter. Die Weise Frau begleitete sie, das
glaubte Yucca zu spüren. Wieder sang sie gegen das
Jaulen des heißen Windes an: „Aus hartem Feuerstein
ist mein unsterbliches Herz …"

schnobern
schnuppern

Der dunkle Wald

Dass die Kojoten ihr folgten, bemerkte Yucca erst, als das Pferd unruhig wurde, die Ohren zurücklegte und ängstlich schnaubte. Yucca schaute über die Schulter und erkannte voll Entsetzen, dass es ein großes Rudel war. Die Tiere waren zu einem Halbkreis ausgeschwärmt, hielten aber Abstand.

„Lauf, Pferd, lauf schneller!"

Die Stute sprang zum Galopp an, doch den hielt sie nur kurze Zeit durch, weil sie zu erschöpft war. Vergeblich versuchte Yucca mit Armen und Beinen und gellenden Schreien ihr Pferd zu schnellerer Gangart anzutreiben. Biberzahn hatte behauptet, Kojoten seien feige und würden niemals einen Reiter angreifen. Aber stimmte das auch? Eigentlich galt Yuccas Furcht vor allem ihrem Bruder. Kleiner Fuß saß nicht auf einem Pferderücken. Wenn die Kojoten ihn entdeckten, würden sie ihn gewiss anfallen, wo sie doch so viele waren. Hoffentlich hat er den Waldrand schon erreicht!, wünschte Yucca. Dort könnte er sich verstecken oder auf einen Baum klettern. In der ebenen Steppe war er schutzlos den Präriewölfen ausgeliefert. Vielleicht dringen Kojoten ja auch gar nicht in den Wald ein, dachte Yucca, weil das nicht ihr Jagdrevier ist.

Yucca reckte sich hoch. Nein, so weit sie auch nach allen Seiten schaute, da war kein einsamer Steppendurchquerer zu sehen. Außerdem hat Kleiner Fuß seinen Bogen und ein paar Pfeile, versuchte sich Yucca zu beruhigen. Wenn er eines der Tiere erlegt, werden die anderen vielleicht flüchten.

Die Kojoten waren nicht näher gekommen, sie folgten mit gleichem Abstand. Witterten sie in der Reiterin und dem Pferd trotzdem eine Beute? Worauf warteten sie dann? Sollte das eine Hetzjagd sein? Warteten die schlauen Tiere darauf, dass das Pferd entkräftet zusammenbrechen würde und die Reiterin ins Gras stürzte?

Den Waldrand erreichen! Verzweifelt schlug Yucca auf ihr Pferd ein. „Lauf! Bitte, lauf schneller!" Sie zog auch das Messer aus der Lederscheide, doch sie wusste, dass das nur eine Geste der Hilflosigkeit war. Yucca lauschte. War das nur das Pfeifen des heißen Windes? Heulten die Kojoten? Da vernahm sie doch plötzlich ein seltsames Geräusch! Was war das?

Büffelmädchen, ich habe dir doch gesagt, du sollst deine Augen und deine Ohren gebrauchen – und vor allem deinen Verstand. Du bist auf dem richtigen Weg, aber du darfst keinen Fehler machen. Wenn das Pferd stürzt, bist du verloren.

Denk nach! Hörst du mich? Denk nach!

Yucca schrak auf wie aus einem Traum. Sie hatte das Gesicht der Weisen Frau vor sich gesehen, kurz nur, und sie hatte ihre Stimme gehört. Das war unmöglich, gewiss, trotzdem hatte Yucca keinen Zweifel daran, dass ihr die Weise Frau erschienen war. Die Warnung hatte sie verstanden. Ihre Angst wurde kleiner, sie fühlte Zuversicht. Sie zog an den Zügeln und tätschelte beruhigend den Hals der Stute. Die ging jetzt im Schritt, blähte aber noch immer furchtsam die Nüstern und stieß leise Stöhnlaute aus, die hörten sich an wie Husten.

„Alles wird gut, mein Pferd, alles wird gut!"

Dann war auf einmal alles anders. Wieder drehte Yucca sich um und was sie sah, wollte sie zuerst nicht glauben: Die Verfolger hatten aufgegeben. Zum Pulk hatten die Kojoten sich gerottet und standen wie erstarrt. Yucca dachte: Als ob sie eine Beratung abhalten. Kriegsrat. Sollen wir die Jagd abbrechen oder nicht? – Aber was ist der Grund dafür, dass sie so verharren?

Nach wenigen Schritten des Pferdes wusste Yucca den Grund. Jetzt drohte eine andere Gefahr. Hier hatten Reiter den Rand der Steppe gequert. Niedergetretenes Gras, deutliche Hufabdrücke im Staub, Kotkugeln. Trotz des Windes hing noch der strenge Geruch von Pferden in der Luft, den hatten die Kojoten wohl längst gewittert. Die Scheu vor Jägern hatte sie gewarnt.

Yucca war keine erfahrene Fährtenleserin, doch dass hier eine große Schar von Reitern in langer Reihe gezogen war, erkannte sie auf den ersten Blick. Feindliche Krieger? Hier beendeten Sträucher und Büsche das Grasland. Lauerten vielleicht fremde Männer im Hinterhalt, weil sie die einsame Reiterin erspäht hatten? Yuccas Herzschlag beruhigte sich ein wenig, denn sie sah, dass sich die Spuren in gerader Linie nach Osten entfernten.

Nez Perces
→ S. 138

Vier-schwarze-Federn hatte sie am Morgen vor fremden Jägern gewarnt. Yucca hatte schon oft gehört, dass Männer vom Volk der Nez Perces manchmal ins Jagdgebiet der Schoschonen eindrangen, weil es in ihrem Land im Westen wenig Wild gab. Yucca wusste auch, dass die Nez Perces zu den Stämmen der Flachkopfindianer gehörten. Es wurde berichtet, dass die Flachkopfindianer ihren Säuglingen die Köpfe mit Lederriemen zusammenpressen, damit sie später eine flache, fliehende Stirn bekommen. Ob das stimmte, wusste Yucca aber nicht. Sie hatte noch niemals einen Flachkopfindianer gesehen. Wie konnte man nur flache Köpfe als schön empfinden! Sie hatte darüber gelacht.

Aber die Nez Perces galten als gefährlich und grausam und listig. Vielleicht war auch das nur Gerede. Yucca gab sich Mühe, Ruhe in ihre Gedanken zu bringen. Was soll ich jetzt tun? Konnte mein Bruder sich vor den Fremden verstecken? Yucca hoffte, dass die Kundschafter ihres Stammes den Eindringlingen in ihre Jagdgründe längst auf den Fersen waren. „Wir sind auf dem richtigen Weg, geh weiter, Pferd!", rief sie. Die deutliche Spur der Reiter zeigte schräg nach Osten, also wandte sie sich der westlichen Richtung zu, doch sie musste später in den Wald eindringen, der vor ihr lag, um den Kamm des Berges zu erreichen. Dahinter lag das Büffelland.

Der dunkle Wald. Die Ahornbäume am Rand schienen wie Feuer in den schräg einfallenden Sonnenstrah-

len zu lodern: rot, braun, golden – flackernd im Wind.
Ein schönes Bild, ein bedrohliches Bild. Hinter dem
flammenden Waldrand lag die rätselhafte Finsternis.
Yucca hatte voll Schauder zugehört, wenn die Jäger ins
Dorf heimkehrten und von ihren Erlebnissen in diesem Wald, der sich hinauf zu den Felsen zog, an den
abendlichen Feuern berichteten. Von gespenstischen
Erscheinungen wurde gemunkelt, von Waldgeistern,
von schrecklichen Tieren. Aber sie protzten auch mit
ihren Heldentaten und prahlten von ihrem Jagdglück.
Yucca nahm allen Mut zusammen. Man musste doch
nicht alles glauben, was so geredet wurde.

Ich bin jetzt Kleiner Fuß, dachte Yucca. Wo werde
ich in den Wald eindringen? Da zog sich so etwas wie
ein helles Band hügelaufwärts. Gab es dort einen Bachlauf? Yucca überlegte nicht länger. Dies war die Richtung, die sie einschlagen musste. Entschlossen trieb
sie ihr Pferd an.

Die Weise Frau hatte es vorausgesagt: Am Waldrand fand Yucca Moosbeeren und Pilze in Fülle. Sie
schmauste ausgiebig. Die Stute rupfte genüsslich
zarte Gräser. Da gluckerte auch Wasser. Kühle Labsal
für die durstige Reiterin und das durstige Pferd. Eich-
hörnchen huschten in den Föhren und den ausladen-
den Zedern, die ein Schattendach über dem kleinen
Bach bildeten. Trotzdem war es hier nicht so finster
wie im dichten Wald, der tot wirkte, als hätte er alles
Licht geschluckt.

Die Abenddämmerung setzte allmählich ein. Von
irgendwo, weit aus der Ferne, drang heiseres Röhren

Brunftzeit
Paarungszeit
in das enge Bachtal. Yucca wusste, dass die Brunftzeit der Hirsche begonnen hatte. Warum sie jetzt diese Rufe als Bedrohung empfand, war ihr aber nicht klar. Alles erschien ihr unwirklich und wie verzaubert.

Wenn Kleiner Fuß an dieser Stelle den Wald er- 5
reicht hat, sagte sie sich, dann hatte er ebenfalls etwas Essbares gefunden. Und dann stockte ihr beinahe der Atem. Eine Eidechsenhaut mit Kopf und Beinen daran! Sie lag auf einem Felsbrocken, der aus dem Waldboden gewachsen schien. Deutlich erkannte Yucca, dass 10
das fast unterarmlange Reptil mit einem Messer aufgeschlitzt worden war. Hatte ihr Bruder also auch ein wenig Fleisch gegessen? Die Entdeckung gab ihr neue Hoffnung, dass sie wirklich auf der Spur von Kleiner Fuß war. 15

Am liebsten hätte Yucca laut seinen Namen gerufen, doch sie beherrschte sich, denn vielleicht waren fremde Männer in der Nähe. So müde sie war: sie musste weiter. Die Vorstellung, dass sie den Bruder noch vor Anbruch der Dunkelheit einholen könnte, trieb sie 20
an. Yucca zog das Pferd hinter sich her, das zerrte unwillig am Zügel, folgte aber doch. Es war ein beschwerlicher Weg über Geröll und sperriges Wurzelwerk. Nur weiter!

Keuchend setzte Yucca den Wettlauf gegen das 25
Schwinden des Tageslichtes fort. Das Nachtgetier war erwacht. Spukig raschelte es da und dort im Laub und im Unterholz. Aufgeschreckte Tauben knatterten durch die Baumkronen. Oft geriet Yucca ins Stolpern, manchmal glitt das Pferd hinter ihr im glitschigen 30

Moos aus. Schweren Herzens sah Yucca ein, dass es zu gefährlich war, noch weiter durch die Dunkelheit zu stapfen. Sie musste einen Platz für das Nachtlager suchen, solange sie noch die Umrisse der Baumstämme und der Bodenwellen erkennen konnte.

Da war so etwas wie ein Loch in der Uferböschung. Keine richtige Höhle. Wahrscheinlich war der Hang vom Schmelzwasser an dieser Stelle ausgespült worden. Hier würde sie ein wenig Schutz für ihr Nachtlager finden. Schnell wischte sie mit den Händen, so gut es ging, Äste und modrige Blätter zur Seite, dann breitete sie die Felldecke für den Schlafplatz aus. Die Zügel knotete sie an einem Wurzelstock fest. Anscheinend wollte die Stute sich nicht hinlegen. Sie stand nur reglos da mit gesenktem Kopf und döste. Yucca wusch sich am Rinnsal das verschwitzte Gesicht, legte sich zögernd hin und wickelte die Decke um sich.

Mit der Dunkelheit war die Kälte gekommen. Erste Sterne flimmerten auf. Die dünne Sichel des abnehmenden Mondes blitzte durch die Baumkronen, die im leichten Wind schwankten. Yuccas Gedanken waren bei ihrem Bruder.

Die Weise Frau ist gekommen. Sie setzt die Pfeife ab und lächelt mit zahnlosem Mund. Sie sagt leise: *Lass dich einfach fallen, Büffelmädchen. Du bist sehr, sehr müde. Lösch das Licht aus in deinem Kopf, schlaf ein. Und fürchte dich nicht vor der Nacht, hörst du? Du bist auf dem richtigen Weg. Aber jetzt musst du tief schlafen.*

Yucca sah, wie das gütige Gesicht der Weisen Frau
verblasste. Sie zog den Lederbeutel an sich und aß ein
Stück Trockenfleisch. Ihr Messer lag griffbereit. Der
kleine Bach murmelte Geschichten. Yucca hörte ihm
zu. Dann träumte sie sich in den Schlaf.

Die lachende Bärin

Die Nachtkälte spürte sie nicht. Ihr Körper entwickelte Wärme unter der Felldecke. Der lange Tag war hart gewesen, doch nun war alles Schwere, zumindest für diese kurze Zeit des entspannenden Schlafes, von ihr abgefallen. Yucca tauchte in die Ruhe ein, die wie eine andere Welt war: sorgenlos, angstfrei, alles vergessend. Aber es war wirklich nur eine kurze Zeit.

Dann plötzlich das heftige Geraschel.

Schlaftrunken noch, doch nach Sekunden des Begreifens, wo sie sich befand und warum sie sich hier befand, auf einmal überwach, schrillten ihre Sinne fast schmerzhaft. Gefahr! Der Atem stockte, der Herzschlag hämmerte. Nur nicht schreien! Hatte das Scharren und Schnauben des Pferdes sie aus dem Schlaf aufgeschreckt? Oder waren es die seltsamen Laute von einem Kratzen und Schnüffeln gewesen? Yucca tastete nach ihrem Messer. Sie spürte, dass sich etwas bei der Ledertasche mit den Vorräten bewegte. Da war ein strenger Geruch, Pelziges streifte ihr Gesicht.

Jetzt! Yucca riss die Augen auf und schnellte auf die Füße, das Messer zum Stoß bereit – dann atmete sie erleichtert aus. Im fahlen Sternenlicht erkannte sie, wer der Eindringling in ihrer Schlafmulde war, der sie aus funkelnden Augen anstarrte: ein Waschbär. Nur ein Waschbär! Der fauchte sie an und streckte die Krallen aus, aber Yucca fürchtete sich nicht mehr.

„Weg von meinen Vorräten, du feiger Dieb!", schimpfte sie und trat nach dem pummeligen Pelztier.

„Willst du, dass ich verhungere? Verschwinde – oder ich schlitze dich auf!" Wild fuchtelte Yucca mit dem Messer.

Der Waschbär fiepte und stellte den Wuschelschwanz auf, doch er begriff wohl, dass hier keine Beute zu holen war. Rasch und enttäuscht grummelnd trippelte der Nachträuber in die Dunkelheit davon. Der Spuk war vorbei.

Beruhigend streichelte Yucca das Pferd, kraulte den Hals und strich über die weiche Nase. „Brauchst doch keine Angst zu haben. Waschbären fressen Mäuse und rauben Vogelnester aus", flüsterte sie, „und manchmal beklauen sie die Menschen. Aber einem großen Pferd können sie nichts antun." Doch eigentlich sprach Yucca nicht der Stute, sondern sich selber Mut zu. „Warum legst du dich nicht hin zum Schlafen, Pferd?"

Fröstelnd schob Yucca sich die Hände unter die Achseln. Sie blickte zum Sternenhimmel hinauf und versuchte, die Bilder zu erkennen, die Maisblüte ihr erklärt hatte. Sie stellte sich das ruhige Gesicht der Mutter vor. Ob sie sich jetzt Sorgen macht um mich?, dachte sie. Und wer macht sich außer mir Sorgen um Kleiner Fuß? Wo bist du, mein lieber Bruder? Yucca schaute und schaute und da war ihr, als drehten sich all die Sterne in gewaltigen Kreisen fast wie in einem Tanz. Davon wurde ihr schwindlig. Ob man die Sterne flüstern hörte, wenn ringsherum alles ganz still war? Doch hier war es nicht still. Der Nachtatem des großen Waldes war angefüllt mit spukigen, rätselhaften Stimmen.

Konnte die Weise Frau wirklich aus den Bewegungen der Sterne die Zukunft lesen? „Was sagen dir die Sterne jetzt, Weise Frau? Sagen sie, dass ich meinen Bruder bald finden werde?" Yucca sprach leise zu sich selbst. Ihre Stimme kam ihr fremd vor. Das Bächlein schien ihr zu antworten, doch Yucca wusste, dass es nur vor sich hin plapperte. Schnell schlüpfte sie unter die wärmende Decke. Aber der Schlaf kam nicht zurück. Gedanken quälten sie. Erst als frühe Vogelschreie den beginnenden Tag ankündigten, schlief Yucca ein.

Als das Pferd wieherte, fuhr sie erschrocken vom Lager auf und blinzelte verwirrt ins grelle Morgenlicht. Die Tauperlen im Gras funkelten wie Kristalle. Yucca schrie auf vor Wut – Wut auf sich selber. Sie hatte zu lange geschlafen, sie hatte Zeit verloren, sie war wieder weiter entfernt von ihrem Bruder.

Das unruhige Pferd zum Bach führen und grasen lassen. Maiskörner zerbeißen. Die Schlafdecke einrollen und den Lederbeutel schultern. Voll Hast fuhr Yucca sich mit den Fingern durch das Haar und rückte das Stirnband zurecht. Ein Häher lachte höhnisch. Das Pferd schnaubte unwillig, als Yucca nach den Zügeln griff, denn es war doch längst noch nicht satt. Aber Yucca zerrte die Stute beinahe roh hinter sich her und hatte ein schlechtes Gefühl dabei. Es war doch nicht die Schuld des Pferdes, dass sie verschlafen hatte. Weiter, weiter!

Gern wäre Yucca aufgesessen, um den warmen Pferdekörper unter sich zu fühlen, doch die Klamm wurde

Klamm
Felsenschlucht

enger und enger, nackter Fels ragte aus den Waldhängen, der Bach schien unter großblättrigen Pflanzen zu verschwinden. Unsicheres Gelände also, zu gefährlich für einen Ritt. Oft kamen das Mädchen und das Pferd ins Stolpern, wenn lockeres Gestein und Erdklumpen unter ihren Schritten ins Rutschen gerieten. Es war ein mühseliger Anstieg. Trotz der Kühle kam Yucca allmählich ins Schwitzen.

Dann erreichten sie eine Hochebene, die gleißte im Glanz zahlloser Silberdisteln. Yucca atmete schwer, das Pferd schnaufte. Eine Pause war nötig, so ungeduldig Yucca auch war. Die Weise Frau hatte gemahnt: *Gebrauche deinen Verstand!* Während die Stute Blätter von den duftenden Wacholderbüschen rupfte und gierig kaute, ließ Yucca den Blick schweifen. Inständig hoffte sie, irgendwo vor sich eine Bewegung im hüfthohen gelben Gras wahrzunehmen, die auf die Anwesenheit eines Menschen hindeutete. Wollgrasflöckchen trieben im Wind, ein dichter Mückenschwarm tanzte in einem Lichtstrahl zwischen dicken Föhrenstämmen, aus den Kronen der Birken rieselten welke Blätter. Nein, eine Gestalt, die ihr Bruder sein könnte, war nicht zu entdecken. Wieder stellte sich das beunruhigende Gefühl aus Zuversicht und Zweifel ein. Ich denke jetzt wie Kleiner Fuß, redete Yucca sich trotzig ein, ich fühle seine Gefühle, ich nehme genau diesen Weg, weil es der beste ist zum Bergkamm zwischen den Felsen hinauf. Ich will in das Land, wo die Büffel ziehen!

Aber die traurigen Gedanken ließen sich nicht

verscheuchen. Vielleicht war alles ganz anders. Hatte
Kleiner Fuß längst aufgegeben und hockte hoffnungs-
los in irgendeinem Versteck? Yucca dachte auch an die
fremden Indianer. Wohin führte die Spur ihrer Pferde? Und wenn die Männer aus dem Westen ihren Bruder gefangen hatten?

„Kleiner Fuß, wo bist du?", rief Yucca und schlug
sich dann auf den Mund, weil es dumm und gefährlich
war, in dieser Einsamkeit Lärm zu machen.

Die gescheckte Stute zuckte zusammen und sprang
ein paar Schritte zur Seite. Hatte Yuccas Schrei sie
erschreckt oder war sie von einer Wespe gestochen
worden? Yucca überlegte, ob so spät im Herbst noch
Wespen schwirrten.

„Komm, Pferd, wir müssen weiter!"

Hier auf der Hochfläche weitete sich die Landschaft. Die Waldhänge traten zurück. Yucca hatte die
enge Schlucht hinter sich und darum konnte sie sich
auch wieder auf ihr Pferd schwingen. Die Luft war
jetzt schon viel wärmer und schmeckte nach der Würze
trockener Stauden, doch immer wieder schlugen der
Reiterin kühle Windböen entgegen. Schwarze, kahle
Fichtenstämme, verbrannt von einem Buschfeuer, ragten wie gespenstische Totempfähle aus dem Boden,
schienen mit grinsenden Gesichtern auf die Reiterin
zu starren. Hausten hier böse Geister? Lauerten hier
magische Mächte? „Weise Frau, vertreibe sie mit deinen Gedanken!", flüsterte Yucca. „Mach, dass sie mir
nichts antun!"

Es ist nur der Wind, redete Yucca sich ein, das sind

nicht die raunenden Stimmen geheimnisvoller Unwe-
sen. Dann hörte sie wieder das Plätschern des Baches,
das beruhigte sie, da wich die Angst vor dem Unbe-
kannten.

Aus einem bemoosten Spalt im Fels sprudelte das 5
Wasser. Im Sonnenlicht glänzten die Spritzer in den
Farben des Regenbogens. Der kleine Wasserfall hatte
einen wunderschönen winzigen See aus dem harten
Gestein gewaschen. Vorsichtig lenkte Yucca das Pferd
dem Bachufer zu. 10

Da sah sie die Bären!

Die große dunkle Bärin kratzte mit der linken
Vordertatze in einem Haufen aus Fichtennadeln und
schnaufte dabei so laut, dass Yucca es trotz der Entfernung hören konnte. So eine gewaltige Bärin! Verzau- 15
bert und erschrocken zugleich hielt Yucca die Stute
an und glitt vom Pferderücken. Sie wagte kaum zu
atmen. Aus solcher Nähe, kaum einen Steinwurf entfernt, hatte sie noch nie einen Bären gesehen. Und da
waren noch die beiden anderen, halbwüchsige noch, 20
verspielt, tollend in Scheinkämpfen, Fichtenzapfen
rollend und zerbeißend.

Hingerissen schaute Yucca zu. Dass sie sich in großer Gefahr befand, begriff sie noch nicht, denn zu
schön war dieses Bild. Die Bärenmutter hatte offen- 25
bar Würmer oder Käfer im Nadelhaufen gefunden.
Sie schleckte mit langer Zunge. Die kleinen Bären
hatten sich an einem dicken Baumstamm aufgereckt
und schabten aufgeregt an der Rinde. Wollten sie den
Baum erklettern oder gar umstürzen? Da hockte sich 30

die große Bärin auf die Hinterbeine und schlug die
Vordertatzen zusammen, als klatschte sie den zwei
Kraftprotzen Beifall. Sie lacht!, dachte Yucca. Sie lacht
die Bärenkinder aus. Dass Bären lachen können! Das
bilde ich mir doch nicht ein, da ist doch fröhliches Lachen im Gesicht der Bärenmutter zu sehen. – War das
denn möglich?

Schon begannen die Bärenkinder wieder eine Rau-
ferei. Sie boxten, rangen keuchend und quietschend
und kullerten dann, ineinander verhakt, den Hang
hinunter. Das Wasser spritzte auf, als die kleinen
Bären ins Wasserloch plumpsten. Wie eine dicke pel-
zige Kugel rollte die große Bärin ihren Jungen hinterher. Sie lachte noch immer.

Staunend und verzückt schaute Yucca zu. Doch dann
fand sie in die Wirklichkeit zurück. Die Erinnerung an
die Worte der Weisen Frau: *Gebrauche deine Augen,*
deine Ohren und deinen Verstand. Yucca hatte von Biberzahn gelernt: Bären sind gefährlich, besonders Bä-
rinnen, die Junge haben. Und: Bären sind nur scheinbar tapsig. Wenn sie angreifen, entwickeln sie große
Schnelligkeit. Und auch dies: Ihre Sehkraft ist schwach,
doch sie verfügen über scharfen Geruchssinn.

Wenn sie mich und mein Pferd wittern! Yucca
spürte plötzliche Kälte. Gegen eine wütende Bärin war
sie schutzlos, doch sie musste durch die Klamm, wenn
sie den Bergkamm erreichen wollte, zu beiden Seiten
waren die Hänge zu steil.

Umkehren? Diesen Gedanken wischte sie schnell
weg. Beruhigend streichelte sie die Nase des Pferdes,

denn die Stute zitterte, weil sie die Nähe der drei Bären wahrgenommen hatte.

Schritt für Schritt drängte Yucca das Pferd ins Ge-
büsch. Der Geruch. Sie musste etwas tun gegen die
Ausdünstungen von Mensch und Pferd. Kamillen ⁵
wuchsen da in Mengen. Yucca rupfte welke Blüten ab
und bestrich damit ihr Gesicht, ihre Arme und Beine,

auch das Fell des Pferdes rieb sie mit Kamillenköpfen ein. Der Duft war stark. Ich habe meinen Verstand gebraucht, dachte Yucca, aber ich darf jetzt nicht leichtsinnig sein. Das Warten fiel ihr schwer, weil sie doch so sehr in Eile war.

Endlich! Die Bären hatten den Wassertümpel verlassen und trollten gemächlich den Hang auf der anderen Seite des Baches hinauf. Das Knacken im morschen Holz wurde leiser und leiser. Dann war nur noch das Plätschern des Wasserfalls zu vernehmen. Weiter!

Der große Wald lag hinter ihr. Auf dem felsigen Boden klapperten die Hufschritte des Pferdes. Yucca schaute sich um. Aus den Baumkronen stiegen die letzten Nebelschwaden auf. Es sah aus, als dampfte der Wald. Wieder die bange Frage: Bin ich auf dem richtigen Weg? Die blendende Helligkeit gaukelte ihr Trugbilder vor. Dann und wann glaubte Yucca weit vor sich eine winzige Gestalt zu sehen, die sich im kargen Gestein bewegte, doch jedes Mal erkannte sie, dass sie sich täuschte.

Feindlich reckten sich Felsnasen nach vorne. Yucca hatte Mühe, zwischen Gestein und Geröll die Lücken zu finden, in denen die Füße ihres Pferdes Halt fanden. Die Leere der Landschaft war bedrückend. Wenn sie in schwarze Schatten eintauchte, erschauderte Yucca.

„Kleiner Fuß, wo bist du?", rief sie. Nur das Echo war die Antwort.

Der kalte Berg

Sie hörte plötzlich Stimmen. Lachen, Lärmen, schrille Schreie. Als die Stimmen die Stille durchbrachen, hatte die Reiterin Yucca gerade eine Felsplatte erreicht, die von buschartigen, verkümmert wirkenden Kiefern gesäumt wurde. Aufgeschreckt aus ihren Gedanken drehte Yucca den Kopf und schaute voll Furcht zum Waldrand hinunter. Dort in der Ferne bewegten sich Reiter auf gemächlich trottenden Pferden. Ich bin entdeckt worden!, schoss es Yucca durch den Kopf.

Sie glitt vom Pferderücken und beschattete die Augen mit den Handflächen. Beruhigt atmete sie auf, denn sie erkannte, dass die Reiter ihr nicht folgten, sondern sich in östlicher Richtung entlang des Waldsaumes entfernten. Sieben, acht, neun Reiter. Und ein Packpferd war dabei, auf dem schien ein Körper festgezurrt zu sein. Ein Gefangener? Da brach Yucca in die Knie, als hätte ein Blitzschlag sie getroffen.

„Kleiner Fuß!", hauchte sie. Ihre Lippen waren ganz hart. „Haben sie meinen Bruder gefangen?" Yucca kniff die Augen zusammen. Dann die Erleichterung, dann das Begreifen: Eine Jagdbeute war das, ein Reh oder eine Hirschkuh. Yucca lachte und weinte zugleich und reckte, blind von den Tränen, das Gesicht ins Licht, als müsste sie der Sonne danken. Die Stimmen waren kaum noch zu vernehmen, die Reiterschar war kaum noch zu sehen.

Flachkopfindianer von Stämmen aus dem Westen? Gehörten diese Jäger zu den Reitern, deren Spuren

sie am Rand der Steppe gequert hatte, als die Kojoten
ihr folgten? Es wunderte Yucca, dass diese Männer
nach dem Jagdglück lachten und scherzten. Bei den
Schoschonen verhielten die Jäger sich demütig, wenn
5   sie ein Tier erlegt hatten. Dem Großen Geist galt ihre
Bitte um Vergebung, weil sie Leben ausgelöscht hatten, um sich zu ernähren. Alles ist beseelt, das hatte
Yucca verstanden, die Weise Frau hatte es ihr erklärt.
Selbst wenn sie Bäume fällten, weil sie Holz brauch-
10 ten für den Hausbau, für den Schutzwall und für die
Feuerstellen, dankten die Männer des Dorfes im Tanz
dem Großen Geist für seine Güte.

Yucca fand an Mispelranken, die sich um Föhren   *Mispel*
in den Felssenken gewunden hatten, pralle Beeren.   *strauchförmiges*
Rosengewächs
15 Sie ließ sich die bittere Süße auf der Zunge zergehen.
Sie hielt die hohle Hand voll Beeren auch dem Pferd
hin, doch die Stute wollte die Beeren nicht fressen und
prustete sie weg.

Das Gelände wurde steiler und steiler. Yucca ließ
20 dem Pferd Zeit. Ihre Unrast durfte sich nicht auf es
übertragen.

Vorsichtig prüfte die Stute vor jedem Schritt die
Festigkeit des Felsbodens. Bisweilen lösten sich locke-
re Steinbrocken und polterten den Hang hinunter. Ein
25 Hase sprang aus einer Kuhle auf und hetzte den Berg
hinauf. Dohlen beschimpften zeternd die Fremdlinge.
Die Luft wurde dünner, sie erfrischte mit ihrem kühlen Hauch, doch das Atmen schmerzte ein wenig. Yucca
war es, als schlüge eine Trommel hinter ihrer Stirn.

Ob Kleiner Fuß mit seiner Behinderung tatsächlich den Anstieg geschafft hatte? Er musste unglaubliche Kräfte entwickelt haben, wenn er sich noch immer vor der Reiterin befand. Eine Nacht Vorsprung – das war doch nicht viel! Die letzte Büffeljagd der Männer des Dorfes lag vier oder fünf Monde zurück. Nun würden die Herden zu anderen Weidegründen ziehen, wurde gesagt. Wie sollte Kleiner Fuß also einen Büffel finden? Einen weißen Büffel!

Die große Traurigkeit stellte sich wieder ein. Yucca summte ein Lied, um sich von den schwarzen Gedanken abzulenken, aber es tröstete sie nicht. Verzagt zitterte ihre Stimme.

„Allmächtige Stimme, sprich zu mir!
Sprich zu mir mit dem Regen,
sprich zu mir mit dem Wind,
sprich zu mir mit dem Licht der Sonne …"

Yucca verstummte. Zu kläglich klangen die Töne. Beim großen Feuer im Dorf dröhnte die Regentrommel zu diesem Gesang, die Tänzer zuckten im Flammenschein, stampften im Rhythmus der Trommelschläge, und der Medizinmann mit der Büffelschädelmaske erflehte von Manitu den Segen des Regens für die Maisfelder. Nein, das Lied passte nicht.

Wie kann ich meinem Bruder helfen, wenn ich mich selber so hilflos fühle?, dachte Yucca. Sie solle mutig sein, hatte die Weise Frau gefordert. Es war schwer, in der Einsamkeit dieses Berges mutig zu sein.

Yucca vergrub die Hände in der Mähne des Pferdes,
um zu spüren, dass sie nicht allein war. Und was war
mit ihrem Bruder? Sie redete sich ein: Kleiner Fuß ist
älter als ich, er ist stärker als ich, er ist tapferer als ich,
er ist ja fast schon ein Mann.

„Wo bist du, lieber Bruder?"

Kleiner Fuß musste doch längst am Ende seiner
Kräfte sein. Yucca blickte zum Bergkamm hinauf, der
leuchtete weiß im Licht. Da begriff Yucca, dass dort
oben schon Schnee gefallen war. Unwillkürlich trieb
sie das Pferd an, obwohl der Anstieg so beschwerlich
war. Im Schnee musste sie die Fährte ihres Bruders
doch finden! Das Pferd schnaubte empört. Seine Flanken zitterten doch längst vor Anstrengung.

„Verzeih mir, Pferd!" Yucca streichelte den Hals
der Stute. Und sie erinnerte sich an die Mahnung: Ich
muss meinen Verstand gebrauchen. Das Pferd darf
nicht straucheln, wir dürfen nicht stürzen. Die Schen-
kel schmerzten, waren verkrampft, weil Yucca sie bei
diesem steilen Anstieg fest an den Pferdeleib pressen musste. Sie war keine geübte Reiterin. Bei jedem
Schritt des Pferdes hatte sie das Gefühl, dass die Luft
kälter und kälter wurde, obwohl die Sonne strahlte. Es
war ein Glück, dass kein Herbstregen rauschte, denn
auf nassem und glattem Felsgestein wäre ein Ritt unmöglich gewesen. Das Pferd einfach zurücklassen?
Yucca erschauderte bei diesem Gedanken. Die freund-
lichen Berggeister halfen ihr, sie hatten die bösen vertrieben.

Plötzlich blieb die Stute wie angewurzelt stehen: erstarrt, bewegungslos. Yucca wurde aus ihren Gedanken gerissen. Was hatte das zu bedeuten?

„Los, lauf weiter, Pferd!"

Aber das Pferd rührte sich nicht von der Stelle, blähte nur die Nüstern und stieß leise einen klagenden Ton aus, der hörte sich an wie das Wimmern eines Kindes.

Erst in diesem Augenblick erkannte Yucca selber die Gefahr. Der Puma kauerte über ihr auf einem von Flechten überzogenen Felsbrocken, kaum zehn Armlängen entfernt, war gelb wie das Gestein und starrte sie mit hartem Lauerblick an. Grünlich die Augen, bedrohlich der halb geöffnete Rachen mit den spitzen Zähnen.

Yucca wollte nicht glauben, was sie sah. Noch nie in ihrem Leben war sie einem Berglöwen begegnet. Kälteschock im Gehirn, kein wirkliches Begreifen. Ja, sie hatte die Gefahr zwar erkannt, aber gleichzeitig kam ihr das Bild so unwirklich vor. Es ist die dünne Luft in dieser Höhe, schrie es flehentlich in ihrem Kopf, sie gaukelt mir Zauberspuk vor! Ich träume schon am Tag, das ist doch alles nicht wahr, ich will das nicht sehen. Alles ist gut, alles ist gut!

Es war, als ob sie sich fallen ließe, zurück in die Zeit, als sie noch ein kleines Mädchen gewesen war, zurück in Maisblütes Arme. Nur scheinbar vergessen war die Erinnerung. Damals konnte sie sich unsichtbar machen, wenn die Angst über sie gekommen war. Sie hatte einfach fest die Augen geschlossen und gerufen:

„Ich bin gar nicht da!" – War sie auf einmal wieder das kleine Mädchen? Yucca presste die Hände vor die Augen.

Lautlos kommt die Weise Frau und bläst Pfeifenrauch, bevor sie spricht. *Du fürchtest dich, Büffelmädchen? Das ist richtig so. Nur Dummköpfe fürchten sich nicht, wenn Gefahr droht. Nur aus der Angst kann der Mut entstehen. Nimm die Hände von den Augen, schau genau hin! Du darfst dich nicht kleinmachen. Mach dich groß! Du hast eine Aufgabe, du hast ein Ziel, du willst deinen Bruder finden. Hast du schon vergessen, dass du auf dem richtigen Weg bist? Nicht zweifeln, Büffelmädchen, nicht verzagen. Mach dich groß! Meine Gedanken sind bei dir.*

Ihr war, als erwachte sie aus einem Traum. Unsinniges Erinnern. Sie wischte die Einbildung, dass die Weise Frau zu ihr gesprochen hatte, unwirsch weg, wie man eine Fliege verscheucht. Zum Messer greifen! Yucca wusste, dass sie den Blick des Pumas aushalten musste. Für die Flucht war es längst zu spät. Und sie wollte auch nicht fliehen, denn sie musste weiter – über den verschneiten Bergkamm zwischen den Felstürmen. Yucca spürte die bebenden Muskeln ihres Pferdes. Sie reckte sich auf.

Auch der Puma bewegte sich. Ganz langsam wie eine Katze, die mit einer verängstigten Maus spielt, straffte er den schlanken Körper und stieß ein heiseres Fauchen aus. Setzte er zum Sprung an?

„Ich bin stark!", schrie Yucca und hielt das Messer hoch. Die Hand zitterte kaum. „Ich bin stärker als du!"

Ihr Mut weckte das Pferd aus der Erstarrung. Es versuchte sich zu drehen, um die kräftigen Hinterbeine gegen das gefährliche Raubtier zu richten. Yucca krallte sich an der Mähne fest. Ihr war klar, dass sie verloren wäre, wenn sie zu Boden fiele. Nur ein Pferd und eine Reiterin zusammen sind groß. Yucca bündelte all ihren Mut. Mein Blick gegen den Blick des Pumas! Wenn ich die Augen senke, wird er springen.

Als der Puma die Tatze hob, konnte Yucca auf einmal den Pfeil erkennen, der in der Flanke des Tieres steckte. Der Pfeil war abgebrochen. Ein dunkler Blutfleck hatte das Fell verfärbt. Da schlug Yuccas Herz so heftig, als würde es zerspringen.

Hatte Kleiner Fuß diesen Pfeil geschossen?

Waren es die fremden Jäger gewesen?

Dann wirbelten die Fragen wie ein tobender Bienenschwarm in Yuccas Kopf herum und machten sie fast verrückt: Hat der Puma meinen Bruder bedroht? Hat er ihn angefallen? Hat er ihn getötet? – Oder konnte Kleiner Fuß dem Puma entkommen? Hat er ihn mit dem Pfeilschuss in die Flucht getrieben? Ist Kleiner Fuß der Sieger gewesen?

Yucca schrie und schrie und schrie. Alle Angst, alle Verzweiflung, alle Verwirrung, allen Zorn schrie sie aus sich heraus und auch alle Trauer. Sie schrie, bis ihr die Stimme versagte, bis sie erschöpft und nach Atem ringend auf dem Pferderücken zusammenbrach.

Als sie dann endlich den Kopf hob, sah sie, dass der Puma verschwunden war. Sie steckte das Messer in die Scheide zurück und trieb das Pferd an.

Die Reiterin hielt nicht mehr an, bis sie die Schneegrenze erreichte. Das Pferd war nass vom Schweiß, Yucca zitterte vor Kälte.

Die verwehte Spur

Es war ein Summen, kaum vernehmbar. Yucca spürte es auf der Haut. War das die Stimme der Stille? Die
Ohren schienen taub zu sein. Die dünne Luft, das musste an der dünnen Luft liegen, ganz klar. Der Silber-   5
schnee wehte sacht wie Staub zum Bergkamm hinauf,
wo links und rechts die riesigen Felstürme senkrecht
in den blassblauen Himmel ragten. Wohnungen der
Götter.

Mit steifen Gliedern stieg Yucca ab. Sie wollte das   10
ermüdete Pferd entlasten, vor allem wollte sie Arme
und Beine bewegen, damit das Blut wieder fühlbar
durch die Adern pulste. Die Schneeschicht war nicht
hoch, die Füße in den Mokassins würden nicht nass
werden, wenn Yucca vorsichtig ausschritt. Sie rollte   15
die Felldecke auseinander und bedeckte damit Hals
und Rücken.

Die Stute pflügte mit der Nase durch den Schnee
und schnupperte. Ein Zucken lief über ihr Fell. Als
Yucca nach den Zügeln griff, warf sie unwillig den   20
Kopf hin und her und peitschte mit dem Schweif.
Yucca sprang zur Seite, um nicht getroffen zu werden.

„Sei ein gutes Pferd", bat sie, „hilf mir weiter! Wir
müssen doch meinen Bruder finden." Es tat ihr leid,
dass sie die Stute antreiben musste, doch es ging nicht   25
anders.

In Schlangenlinien stapfte Yucca hügelaufwärts.
Wenn ich Kleiner Fuß wäre: In welcher Richtung
würde ich hinaufsteigen zum Felsentor? Wieder befie-

len sie die quälenden Zweifel, die so mutlos machten und so müde. Es konnte doch sein, dass sie die Fährte nicht fand, weil der Schnee die Spur verweht hatte. Ich habe gute Augen, redete Yucca sich zu, auch Fußabdrücke, über die der Schnee gestäubt ist, müssen zu erkennen sein. Vom Glitzern der Kristalle tränten die Augen.

Yucca hatte oft gehört, dass die besten Fährtensucher unter den Jägern des Stammes sogar dort Tierspuren entdecken, wo keine zu sehen sind. Es hatte wohl mit einer Ahnung zu tun, mit einem Sichhineinversetzen in die Lebensgewohnheiten und die Bewegungsabläufe eines Elchs, einer Hirschkuh mit ihrem Kalb, eines Bären ... Yucca dachte: Ich habe solche Fähigkeiten nicht, aber vom Schnee verwehte Fußspuren werde auch ich erkennen. Weise Frau, hilf mir!

Hoch am Himmel, über den Gipfeln des Felsentores, schwebten zwei Adler. Wenn ich einer dieser Adler wäre, stellte Yucca sich vor, würde ich jetzt auf der verschneiten Fläche, die zum Bergkamm führt, zwei winzige Punkte sehen, die sich langsam bewegen. Und mit scharfen Adleraugen würde ich erspähen, dass ein Mädchen mit einem Pferd nach einer Fußspur sucht.

Schluss mit der Tagträumerei! Vielleicht waren es die Geister dieser beinahe unwirklichen Zauberlandschaft, die ihre Gedanken und ihre Sinne in die Irre lenken wollten. Yucca schüttelte die Beklemmung ab. Sie war wieder hellwach, starrte nur noch auf den Schnee und prüfte jede Unebenheit im Boden.

Dann! Dann fand sie die Spur. Sie kniete nieder und

prüfte die Eindrücke, die kaum vom wehenden Schnee
überpudert waren. Die Fußmaße ihres Bruders waren
leicht zu erkennen: links der große Fuß, rechts der
kleine. Die Fährte schien zum rechten Turm der Fels-
wand hinaufzuführen.   5

Ein plötzliches Glücksgefühl durchfuhr Yucca so
heftig, dass Wärmewellen ihren Körper fiebern ließen. „Kleiner Fuß!", rief, lachte, schluchzte sie. „Kleiner Fuß, ich bin dir nahe, ich komme zu dir, warte auf
mich!"   10

Und sie war von starkem Stolz auf ihren Bruder ergriffen. Dass Kleiner Fuß so zäh war, dass sein schwa-
cher Körper zu solcher Kraft und Ausdauer fähig war,
dass sein Wille ihn zu solch unglaublicher Leistung
trieb! Eine Nacht und einen Tag und wieder eine Nacht 15
und nun fast wieder einen Tag war Kleiner Fuß schon
pausenlos unterwegs ins Büffelland – ohne Pferd. Vielleicht hatte er für kurze Zeit geruht, vielleicht hatte
er ein wenig Nahrung gefunden, doch er musste völ-
lig erschöpft sein. Trotzdem lief er weiter und weiter. 20
Drei Pfeile besaß er noch, höchstens drei Pfeile. Wie
mutig mein Bruder ist!, dachte Yucca. Aber warum ist
er so besessen, dass er seinem Vater unbedingt beweisen will, dass er kein Schwächling und Versager ist? Eigentlich sollte er Biberzahn verachten, weil der seinen 25
Sohn vor allen Dorfleuten gedemütigt und verspottet
und verstoßen hatte. Hinkebein mit dem kleinen Fuß.
Auch die anderen hatten gelacht, als Kleiner Fuß das
Dorf verließ, niemand hatte für ihn gesprochen.

Wieder der Hass auf den hartherzigen Vater, dazu   30

jetzt der Zorn auf die Schoschonen des Stammes. Wenn die wüssten, wie tapfer Kleiner Fuß ist! Unter den Jungen waren kräftige Ringkämpfer und Speer-schleuderer, Bogenschützen und Wettläufer, aber das, was der einsame, unbeugsame Wanderer Kleiner Fuß leistete, würde keiner von ihnen schaffen, da war Yucca sich ganz sicher.

„Mein lieber Bruder!", rief Yucca fast singend und zärtlich.

Ja, solange sie denken konnte, liebte sie den Halb-bruder. Und Kleiner Fuß liebte die Halbschwester Büf-felmädchen. Oft hatte er sie mit zum Fluss genommen, fing Fische für sie und schnitzte ihr Flöten aus Wei-denholz. Yucca erinnerte sich, dass er ihr einmal einen winzigen Hasen mitgebracht hatte, doch der überleb-te nicht ohne die Muttermilch. Kleiner Fuß spielt mit einem Mädchen! Den Spott der anderen Jungen hatte er ertragen, hatte die Lacher nicht beachtet, ließ sich auch von den großen Leuten nicht einreden, dass es gegen die Bräuche verstoße, wenn er mit seiner klei-nen Halbschwester Wiesenland und Wälder durch-streife, statt mit den gleichaltrigen Jungen zu raufen und mit ihnen die Fertigkeiten der Krieger und Jäger zu üben. Vogelfedern hatte er dem Büffelmädchen ge-schenkt und Steppenblumen und farbige Steine aus den Kreidefelsen. Das hörte erst auf, als Kleiner Fuß kein Kind mehr war. Da sah er ein, dass er sich wie ein künftiger Krieger verhalten musste. Aber würde Klei-ner Fuß jemals ein richtiger Krieger sein? „Schaut ihn euch doch an!", tuschelte man im Dorf.

Yucca dachte: Wen außer mir hat er denn? Wer außer mir hat ihn lieb? Biberzahn hatte kaum einen Blick für seinen Sohn. Das war schon so gewesen, als Kleiner Fuß noch ein Kind war, und es hatte sich nicht geändert mit der Zeit. Verschämt und hartherzig der Vater, verbittert und gleichgültig der Sohn. – Manchmal war Yucca krank vor Traurigkeit und suchte vergeblich Trost bei der Weisen Frau. Mit ihrer Mutter sprach sie nie über den Halbbruder.

Gewiss, die Frauen kümmerten sich auch um das mutterlose Kind Kleiner Fuß. Maisblüte bewies Sorgfalt und Fürsorge, doch sie hatte keine Liebe und keine Zärtlichkeit für das Kind der anderen Squaw, die beim Gebären gestorben war.

Wunderlich war es gewesen, wenn Kleiner Fuß von seiner Mutter erzählte, von dem Bild, das er sich von ihr erdacht hatte, das ihm vielleicht auch in den Träumen erschienen war. Er beschrieb die Schönheit ihres Gesichtes, die Schönheit ihres Körpers, die Schönheit ihrer Stimme. Den Namen seiner toten Mutter hatte er nie ausgesprochen. Vielleicht, hatte Yucca damals gedacht, vielleicht weiß er ihn gar nicht und will ihn auch nicht wissen. Sie hatte sich vorgestellt, dass der Bruder sich wunderschöne Namen für seine Mutter ausdachte, immer wieder neue Namen. Dass Kleiner Fuß sich zuweilen mit seinen Gedanken in eine Traumwelt zurückzog, wusste Yucca ja schon lange.

Kleiner Fuß schlief in einem Haus mit anderen Jungen, die sich darauf vorbereiteten, erwachsen zu werden. Sie duldeten ihn, aber sie waren nicht seine

Freunde. Die Behausung seines Vaters hatte Kleiner
Fuß seit langem nicht mehr betreten. Eigentlich war er
allein. Er hatte nur seine Schwester Yucca Büffelmädchen. Wenn sie sich begegneten, warfen sie sich Blicke
zu. Nur manchmal, wenn niemand zuschaute, redeten
sie miteinander. Unwichtige Worte. Der große Bruder, der ein Krüppel war, und die kleine Schwester, die
allmählich zur Frau reifte. Kleiner Fuß beklagte sich
nie.

Mit solchen Erinnerungen verharrte Yucca eine
Weile auf dem leeren Schneefeld, während das Pferd
karges Gras freischarrte. Die Adler waren verschwunden. Die Sonne senkte sich bereits und ließ die violet-
ten Schatten der Felsen über die Fläche wandern. Der
Wind war eingeschlafen, das Schneewehen hatte auf-
gehört. Eine Stille lag über allem, die schien zu singen.
Yucca zog die Decke fester um die Schultern.

Der Bergkamm zwischen den Felstürmen schien so
nah und war doch so fern. Immer wieder musste Yucca
stehen bleiben, um nach Atemluft zu ringen. Sie zer-
kaute Maiskörner und weichte sie mit etwas Schnee
im Mund auf, damit sie den Brei schlucken konnte.
Bisweilen musste sie hart an den Zügeln zerren, damit
das Pferd ihr folgte. Das Gefühl, dass sie ihrem Bruder sehr nahe war, verlieh ihr Kraft. Die Spur zeigte
zum rechten der beiden gigantischen Steintürme hinauf. Ob Kleiner Fuß dort einen windgeschützten Platz
für eine Erholungspause gesucht hatte? Yucca konnte noch immer nicht verstehen, dass er ohne Wider-

spruch und so besessen Biberzahns Befehl gefolgt war.
Das Fell eines weißen Büffels heimzubringen! Das war
doch Wahnsinn. Und doch war Kleiner Fuß zu diesem
Abenteuer aufgebrochen – nur einen Bogen und einen
Köcher mit fünf Pfeilen auf dem Rücken, nur ein Mes-   5
ser am Gürtel. Wollte er vielleicht gar nicht wirklich
einen weißen Büffel jagen, sondern … Nein, nein,
nein! Yucca versuchte, diesen schlimmen Gedanken
aus ihrem Gehirn zu pressen.

„Ich hole ihn heim ins Dorf", flüsterte sie.   10

Aber die bohrenden Fragen ließen sich nicht verscheuchen. Was ist, wenn Kleiner Fuß nicht zurück
will ins Dorf ohne das Fell eines weißen Büffels?
Wenn er lieber irgendwo in der Einsamkeit das Leben
verliert, als mit leeren Händen und wie ein geprügel-   15
ter Hund zurückzukehren? Wenn sein Stolz und sein
Ehrgefühl ihm nur die Wahl lassen, als Sieger oder
nie wieder seinem Vater und den anderen Dorfleuten
unter die Augen zu treten? Wenn er mich zurückweist
und nicht duldet, dass ich bei ihm bleibe?   20

„Weise Frau, gib mir Antworten!"

Keine Antworten. Keine tröstenden Gedanken.
Nur Kälte und Leere und das geheimnisvolle Felsentor. Aber die Spur! Da war doch die Spur. Also weiter,
weiter, weiter.   25

Endlich erreichte Yucca den Bergkamm. Was für
ein Anblick! Sie erschauderte. Vor sich sah sie weites
Land, jetzt am späten Nachmittag von ersten Dunst-
schleiern überzogen, hier also wanderten dann und

wann die großen Büffelherden. Weit dahinter jedoch, und das machte Yucca Angst, ragten unendlich
hoch und schier endlos die Gipfel des Felsengebirges
empor. Man erzählte viele Geschichten über diese er-
schreckende Bergwelt, die kein Ende hat. Hier hörte
das Land der vielen Stämme vom Volk der Schoschonen auf, hier hörte vielleicht die ganze Welt auf. So
unbeschreiblich gewaltig hatte Yucca sich die Bergrie-
sen nicht vorgestellt.

Die tobenden Wölfe

Staunend stand Yucca und hatte jegliches Gefühl
für Raum und Zeit verloren. Was war der Bergkamm,
auf dem sie sich befand, gegen die mächtigen Felswän-
de, Gipfelspitzen, Gletscherflächen, Schründe und   5
Klüfte dort drüben! Ein Hügel nur. Vom Dorf aus hatte
sie das ferne Gebirge als einen undeutlichen Schatten-
riss wahrgenommen, jetzt sah sie es wirklich. Gestein
von strahlendem Weiß bis zu farblosem Schwarz, über
allem funkelndes Eis. Wolkenschlieren schienen wie   10
Fetzen von Schafswolle an den Felsflanken zu kleben.

Schrund
Riss im Fels

Nach links und rechts streckte sich wie ein breiter
Fluss tief in der Senke das Büffelland. Zweimal im
Jahr ritten die Jäger in großer Schar hinaus zur Jagd,
kehrten erst nach vielen Tagen zurück – trunken vom   15
Jagdglück und maßlosen Erlebnissen und überwunde-
nen Gefahren. Bisher war Yuccas Leben überschaubar
und klar und behütet gewesen. In diesem Augenblick
auf dem verschneiten Kamm verstand sie, warum die
Männer nach der Rückkehr wie verrückt und verzückt   20
um die Feuer tanzten und sangen und sangen. Die Bilder dieser überwältigenden Landschaft und die auf-
regenden Erlebnisse der Jagd zitterten wohl noch in
ihren Köpfen. Tanzen, um Ruhe zu finden: vielleicht
war das so.   25

Natürlich reisten die Jäger auf einem anderen Weg,
der war weiter, führte aber über flacheres Land. Für
die Lastpferde und die Hunde mit den Schleppgestellen, schwer beladen mit Haufen von triefendem

Fleisch, blutigen Fellen, Knochenbündeln und gehörn-
ten Schädeln, wäre die Überquerung des Bergpasses
unmöglich.

Immer gehörte Biberzahn zum Tross der Büffeljä-
ger, immer rühmte er sich seiner Taten. Würde auch
Kleiner Fuß einmal ein kühner Jäger sein? Oder würden die anderen ihn voll Verachtung zurücklassen,
weil er stets der Verlierer war bei den Wettkämpfen?

Yucca sog das Bild dieser beängstigend schönen
Landschaft in sich auf und meinte, in eine Wunder-
welt zu schauen. Vor vielen Jahren, so erzählte man
im Dorf, waren zwei junge Männer nach der Jagd in
das fremde Bergland eingedrungen, voll Wagemut,
voll Neugier, voll Sehnsucht nach großen Abenteu-
ern. Die blaue Wand: so nannten die Schoschonen
die Felsenkette mit den Gipfeln aus ewigem Schnee,
die nicht mehr zu ihrem Gebiet gehörte. Die beiden
kühnen Krieger, die das Geheimnis der blauen Wand
ergründen wollten, kehrten nie zurück. Der Geist der
Berge habe sie verschlungen, wurde gemunkelt, weil
sie seine Ruhe gestört hätten.

Kleiner Fuß! War die blaue Wand sein Ziel?

Das Pferd riss Yucca aus ihrem Tagtraum. Es stieß
mit dem Kopf so heftig gegen ihre Schulter, dass es
schmerzte. Es hatte die Nüstern gebläht und schnaubte erregt. Hatte es eine Witterung aufgenommen, die
Gefahr bedeutete?

„Es ist alles gut, Pferd, es ist alles gut." Yucca berührte die unruhig spielenden Ohren der Stute und

massierte mit den Handballen ihre weichen Lippen.
„Gleich geht es weiter, mein gutes Pferd."

Als sie im Lederbeutel nach einem Stück Pemmikan fingerte, schnitt sie sich an der Spitze des Pfeiles,
den sie aus dem Fluss gefischt hatte. Zornig wollte sie 5
den Pfeil wegschleudern, besann sich dann aber. Im-
merhin war dieser Pfeil doch eine Waffe.

Harsch musste Yucca an den Zügeln zerren, damit
das Pferd ihr folgte. Der Abstieg war leicht, denn auf
dieser Seite des Kammes fiel das Gelände sanft ab. Die 10
Schneeschicht ging in graues Gras über. Die Spur, die
Kleiner Fuß hinterlassen hatte, verlor sich. Würzige
Wärme schlug ihr entgegen, mit jedem Schritt spürte Yucca es deutlicher. Sie nahm die Decke von den
Schultern und rollte sie zusammen. Gelbgrüne kleine 15
Vögel in großer Zahl zwitscherten gellend und pickten
die Samen aus den kargen Büschen. Solche Vögel hatte
Yucca noch nie gesehen. In den welken Blüten der
Wildrosen müde Insekten. Yucca schaute sich nicht
um zum Felsentor, zitternd vor Sorge spähte sie aus 20
nach ihrem Bruder. Ihr war, als könnte sie seine Nähe
körperlich fühlen.

„Halt an, Pferd!", sagte Yucca. „Ich will wieder auf
deinen Rücken steigen, damit wir schneller vorwärts-
kommen." 25

Das Pferd scheute und brach seitwärts aus. Yucca
hatte Mühe, die Zügel festzuhalten. Was hatte das zu
bedeuten? Yucca flüsterte Schmeicheleien, blies ihren
Atem dem Pferd in die Nüstern, sang eine kleine Melodie. Dann endlich kam sie mit einem schnellen Sprung 30

auf den Pferderücken. Nur widerstrebend setzte die Stute Fuß vor Fuß. Die Erregung des Pferdes übertrug sich auf die Reiterin.

Etwas Gefährliches lauerte, irgendetwas Böses wartete im dunstigen Tal. Zu erkennen war nichts Beunruhigendes, aber als Yucca angestrengt lauschte, glaubte sie aus der Ferne verworrene Stimmen zu vernehmen. Ich darf mich nicht täuschen lassen, dachte Yucca, es ist nur das Raunen der Föhren. Doch die plötzliche Furcht, die ihren Puls rasen ließ, war nicht zu vertreiben. Und dann hörte Yucca es deutlich. Schreie? Gelächter? Rufe? Geheul? Brüllen?

„Weise Frau!" Ihre Stimme war heiser und kam ihr fremd vor. „Weise Frau, was soll ich tun?"

Das Ledergesicht lächelt nicht, es ist ernst. *Gebrauch deine Augen, gebrauch deine Ohren, gebrauch deinen Verstand, Büffelmädchen! Hast du meine Worte vergessen?* Die Weise Frau hebt beruhigend die Hand und saugt an der Pfeife. *Sei vorsichtig, aber auch mutig, hörst du? Du darfst die Augen nicht vor der Gefahr verschließen, denn du musst die Gefahr erkennen, sonst bist du hilflos. Du hast einen weiten Weg hinter dir und nun bist du fast am Ziel. Sei stark, Büffelmädchen!*

War das eine Einbildung, ein Wunsch, eine Selbsttäuschung? Es war ihr, als hätten Worte der Weisen Frau ihren Geist berührt. Yucca fühlte so etwas wie ein tiefes Atemholen in ihrer Verwirrung, das sie beruhigte, das ihr Entschlossenheit verlieh. Ihre Hand hatte fest den Griff des Messers gefasst.

Wieder hörte sie die bedrohlichen Laute. Kämpfende Tiere? Wüstes Gegeifer? Wutschreie? Schmerzgebrüll? – Kleiner Fuß!, hämmerte es in ihrem Kopf. Kleiner Fuß!

Yucca sprang ab, führte ihr Pferd hastig ins Gehölz und machte es an einem Eschenstamm fest. „Liebes Pferd, warte hier auf mich. Alles wird gut." Das Pferd schnaubte leise mit bebenden Lippen, die Augen waren furchtgeweitet.

Den Lederbeutel behielt Yucca auf dem Rücken. Geduckt huschte sie vorwärts, spähend, lauschend, immer wieder Deckung suchend hinter Gesträuch und Grasbüscheln. Der Lärm wurde lauter. Schon bald erreichte Yucca den Rand des offenen Landes, der weiten Fläche vor dem Gebirge, auf der hin und wieder die großen Büffelherden zogen. Sie erkannte Suhlplätze, tief ausgetretene Pfade der schweren Tiere und ausgetrocknete Dungfladen. Die welken hohen Gräser tuschelten, obwohl nur ein leichter Windhauch über die Ebene strich.

Da quirlte Staub auf. Eine drehende Wolke aus Staub zwischen Felsbrocken und Salbeibüscheln. Von dort drang das Gelärme herüber. Yucca ließ sich auf den harten Boden gleiten und schlich geschmeidig wie eine Katze weiter. Was geschah dort? Sie ahnte, dass es etwas Schreckliches war. Ihr Mut war stärker als ihre Angst. Es gab kein Zurück mehr.

Bald hatte sie einen freien Blick. Vorsichtig und jedes Geräusch vermeidend, kroch Yucca zu einem Vogelbeerbusch und erhob sich auf die Knie. Bewegungen

auf der Steppe. Es dauerte, bis Yucca staunend begriff,
was sie vor sich sah. Büffel! Einzelne Tiere, die wie erstarrt standen, andere wuchtige Körper lagen im Gras.
Anscheinend war vor Tagen eine Herde durchgezogen
und dies waren die Nachzügler, die den Anschluss
nicht mehr gefunden hatten. Kranke und Verletzte.
Alte, die sich zum Sterben hingelegt hatten oder schon
tot waren. Steinbrocken und Büffelrücken waren im
Zwielicht kaum zu unterscheiden.

Yuccas Blick wanderte zu der Senke, in der der
Staub aufwallte, aus der das Gebrüll und Gekreische
zu ihr drang. Es war das grausame Spiel um Leben und
Tod. Da tobten Wölfe in großer Zahl, waren toll vom
Blutrausch und von der Gier auf Beute und frisches
Fleisch. Hungrige Wölfe gegen eine Büffelkuh, die
vor Schmerz brüllend und mit letzten Kräften ihr Kalb
gegen die Überzahl der Angreifer zu verteidigen suchte. Ihr Brustfell hing in Fetzen, ihre Flanken waren
aufgerissen. Das Kalb, wohl ein krankes Tier, das der
Herde nicht folgen konnte, war mit dem Hinterkörper
zusammengebrochen und schrie kläglich. Drei, vier
Wölfe hatten sich in seinem Fleisch festgebissen und
zogen und zerrten. Die Mutter rammte die gehörnte
Stirn in verzweifelten Stößen gegen die Raubtiere,
doch die waren schnell und wendig und wichen aus
wie graue Blitze. Andere schnappten nach den Beinen der geschwächten Kuh. Eigentlich war ihr Kampf
gegen die Übermacht längst verloren, doch ihre Mut-
terinstinkte zwangen sie noch immer, das erlöschen-
de Leben ihres Kindes zu verteidigen. Ihr klagendes

Gebrüll ließ Yucca erschaudern. Und die Wölfe tobten und tobten.

Da war ein außergewöhnlich großer Wolf, erschreckend in seiner Wildheit, fast silberweiß sein Fell, vielleicht der Anführer des Rudels. Yucca spürte, wie ihre Hand am Messergriff verkrampfte. Ihr war heiß und kalt zugleich. Das Bild, das sich ihr bot, überforderte beinahe ihr Vorstellungsvermögen. War das, was sie sah, die Wirklichkeit? Sie war, wie alle Indianerkinder, auch die Mädchen, zur Härte erzogen. Die Natur ist, wie sie ist. Leben und Sterben sind wie Kommen und Gehen. Es ist das Fügen des Großen Geistes.

Der große Wolf sprang den Kopf der Büffelkuh an und stieß einen Heulton aus, der schrillte wie ein Triumphschrei. Yucca wollte die Hand vor die Augen halten, doch ihre Glieder waren wie gelähmt. Yucca starrte gebannt. Geifer an den Lefzen des Wolfes, Blut am Maul, blitzend die gebleckten Zähne. Dies war kein Kampf um Jagdbeute, dies war etwas anderes, etwas wie irrsinniger Hass, und Yucca konnte es nicht verstehen, weil es ihr so fremd war.

Dieses knurrende Fauchen! Dieses Schmerzgebrüll!

Es sah aus, als wäre der Leib des großen Wolfes mit dem Büffelschädel unlösbar verwachsen. Die Kuh riss den Kopf hoch, der Wolf wirbelte wie festgeklebt hoch in die Luft. Dann knallte die Kuh den Kopf mit einem raschen Ruck zu Boden und zermalmte den Körper des großen Wolfes mit ihrem gewaltigen Gewicht. Schauerlich schrie der Wolf auf, dann ging sein Jaulen

Geifer
aus dem Maul fließender Speichel

Lefze
Lippe beim Raubwild

in Winseln über und erstarb. Noch einmal brüllte die Büffelkuh.

Der Kampf mit dem Leitwolf hatte sie abgelenkt von ihrem Kalb. Das hatten andere Wölfe ausgenutzt und dem Büffeljungen die Kehle durchbissen. Yucca presste die Lippen zusammen. Wie durch einen Nebel nahm sie wahr, dass die Büffelkuh aufgegeben hatte und verletzt und zerschunden humpelnd die Flucht ergriff. Ihr jammervolles Gebrüll verhallte in der Ferne. Die Wölfe verfolgten sie nicht, sie hatten sich wie im Rausch längst über das tote Kalb hergemacht. Und war da nicht noch eine andere verlockende Beute? Wie besessen sprangen andere Wölfe bellend, knurrend, heulend an einem Gesteinsbrocken hoch, der spitz aus dem Grasboden ragte. Irgendetwas klammerte sich an dieser Felsnase fest. Die Wölfe schnappten mit gierigen Rachen. Wieder und wieder liefen sie an.

Weiter weg hüpften ungeduldig schwarze Vögel, schnatterten, krächzten und lauerten wohl auf die Reste vom Fraß der Wölfe. Geier? Krähen? Yucca konnte es nicht erkennen.

Dann begriff sie ganz plötzlich, dass es ihr Bruder war, der sich verzweifelt gegen die Angriffe der Wölfe verteidigte. Yucca schrie auf.

Das rettende Feuer

„Kleiner Fuß! Kleiner Fuß!"

Aber wie sollte er ihre Stimme hören bei dem Getöse der tobenden Tiere! Wie sollte er seine Schwester wahrnehmen, wo er sich doch mit letzter Kraft mit der linken Hand am Gestein festhielt und mit der rechten nach den aufgerissenen Mäulern der Wölfe schlug. Er hatte als Waffe nur noch den Bogen. Die letzten Pfeile waren längst verschossen. Doch wie sollte er mit kraftlosen Schlägen die gierige Meute abwehren! Er hatte die Beine angezogen, so gut es ging, doch der Stein war zu klein, die Springer erreichten seine Waden, seine Knie, seine Oberschenkel und schlugen mit scharfen Zähnen zu. Yucca sah Blut. Die Bisse rissen immer neue Wunden.

Diese ohnmächtige Hilflosigkeit!

„Kleiner Fuß, halte aus! Ich komme!"

Yucca wollte losstürzen, wollte sich zwischen die Wölfe werfen, um den Bruder zu retten. Sie spürte nur diesen Trieb in ihrem Kopf, doch ihre Beine und Arme waren wie gelähmt. Für einige Augenblicke verschwamm das alles, was sie vor sich sah, zu einem grauen Nebel, der wie ein Wasserstrudel kreiste. Wahnsinn! Das ist doch alles nicht wahr. Ich bin in einem schrecklichen Traum …

Dann spürte Yucca einen jähen Stich im Gehirn, der schmerzte wie ein greller Lichtstrahl, aber auf einmal ihr Denkvermögen entzündete. Klarheit wie von einem kalten Windstoß. Hatten die Gedanken der

Weisen Frau sie erreicht? *Gebrauche deinen Verstand,*
Büffelmädchen!

Feuer! Ja, Feuer!

Überdeutlich glaubte Yucca die Sätze zu vernehmen. „Ich habe noch nicht gelernt, Feuer zu machen.
Nein, Weise Frau, das kann ich nicht." – „Unsinn!
Wenn es nötig ist, wirst du es können. Es kann gut
sein, dass euch das Feuer das Leben rettet. Hab Vertrauen zu dir selbst …" Vertrauen zu mir selbst? Yucca
war aus der Erstarrung des Schocks aufgewacht. Bleib
ruhig, beschwor sie sich, versuch es! Sie hörte die
Wölfe wütend lärmen, doch sie schaute nicht hin. Sie
hatten Blut geleckt, sie waren berauscht vom Blut und
wollten die andere Beute vom Felsbrocken reißen –
aber Yucca schaute nicht hin.

Sie schrie: „Du musst aushalten, Kleiner Fuß!"

Häuptlinge und berühmte Krieger beherrschten
die Kunst des Feuermachens, sie entzündeten die heilige Flamme. Aber hier in der Einsamkeit gab es keinen Häuptling und keinen berühmten Krieger. Das
Mädchen Yucca musste das Feuer machen. Und zwar
schnell. Es musste ihr gelingen, sie durfte keinen Fehler machen, sie brauchte ruhige Hände. Nur keine
Hast!

Yucca fingerte den Feuerbohrer aus dem Beutel.
Den Quirl setzte sie in die Vertiefung des Holzstückes.
Zuerst waren die Bewegungen ihrer Handflächen zu
fahrig, die Reibungen waren zu langsam, der Bohrstab
erzeugte keine Hitze im Holz. „Gib nicht auf!", flüsterte sie. „Wenn es nötig ist, wirst du es können!"

Nur allmählich erreichte sie die Geschwindigkeit, die nötig war, um das braune heiße Pulver in der Vertiefung des Holzstücks zu erwärmen. Dann – dann konnte sie riechen, wie Hitze entstand. Schweiß rann ihr in die Augen, aber Yucca gab nicht auf, sosehr auch ⁵ die Arme schmerzten. Geschickt und kraftvoll bewegte sie den Feuerquirl. Ein dünner Rauchfaden stieg auf. Behutsam bröselte Yucca Flocken vom trockenen Zundermoos an den Fuß des Quirls, die begannen zu glimmen. Vorsichtig blies sie in die Glutkörnchen, ¹⁰ bis Qualmwölkchen aufwallten. Schnell rupfte Yucca trockene Gräser aus und schob sie an den glühenden Zunder. Erst ungläubig, dann voll Erstaunen begriff Yucca: Ich habe es geschafft.

Das Feuer war entfacht. ¹⁵

Wie viel Zeit war vergangen? Alle Kraft und alle Gedanken waren nur auf das Entzünden des Feuers konzentriert gewesen, jetzt hörte Yucca wieder das Getobe der Wölfe, das Geschmatze beim Zerreißen des Kadavers des Büffelkalbes, das Wutknurren beim ²⁰ Bespringen des Felsbrockens. Und sie sah ihren Bruder. Er lebte noch, er verteidigte sich noch immer.

Yucca prüfte den Wind. Er stand günstig, es war ein nur leichter Fallwind, der vom verschneiten Pass in die Ebene blies. Vielleicht hatten die Wölfe deshalb ²⁵ Yuccas Nähe nicht gewittert, vielleicht hatte aber auch der Blutrausch ihre Instinkte betäubt.

„Halt aus, Kleiner Fuß!"

Yucca raffte Grasbüschel und Strünke zusammen und hielt diese Fackel an ihr kleines Feuer. Wusch! ³⁰

Die Flamme sprang über, flackerte auf zu einem grellen Blitz in diesem dunstigen Dämmerlicht. Yucca huschte hin und her, brachte trockenes Gesträuch und verblühtes Gras zum Brennen, sah, wie das Feuer über die Fläche fauchte, und schleuderte die Fackel erst von sich, als sie die Hitze an den Händen nicht mehr aushalten konnte. Schnell fraß das Feuer sich vorwärts. Ja, der Wind stand günstig.

Aufgeregtes Getümmel im Wolfsrudel, die uralte Panik der Tiere vor dem Feuer. Sie zerrten das zerrissene Kalb mit sich, als sie, zuerst geduckt, dann in wilden Sprüngen vor den Flammen flohen. Bald waren sie wie ein Spuk im Nebel verschwunden. Die schwarzen Vögel flogen davon. Funken sprühten im knisternden Gras. Der Rauch mischte sich mit dem Dunst und wehte in schwarzen Schwaden über die Fläche. Yucca sog den strengen Geruch ein und starrte zu ihrem Bruder hinüber.

Die Flammen leckten an dem Stein, an dessen Spitze Kleiner Fuß sich geklammert hatte, doch sie waren bereits im Verglimmen. Die Feuerwalze fraß sich indessen wie ein roter Strich weiter in die Ebene des Büffellandes. Jetzt war Yucca ihrem Bruder so nah. Sollte sie rufen, jubeln, lachen? Da war auf einmal ein beklemmendes Gefühl, eine seltsame Scheu. Einen weiten Weg hatte sie hinter sich, das Ziel war erreicht, aber nun wusste Yucca nicht, welche Worte sie sagen sollte.

Mit zögernden Schritten näherte Yucca sich dem Felsbrocken. Den beißenden Rauch nahm sie kaum

wahr. Mit den Mokassins trat sie schwelende Glutnes-
ter aus und wich auch nicht vor den letzten züngeln-
den Flammen zurück. Kleiner Fuß hatte die Raserei
der Wolfsmeute überstanden, erschöpft und fast wie
leblos hing er am Felsen. War er nicht mehr bei Be-   5
wusstsein?

„Kleiner Fuß!"

Wahrscheinlich hielt er die Gestalt, die da plötzlich
aus dem Rauchnebel kam, für einen Geist. Mühsam
hatte er den Kopf gehoben. Der Bogen entglitt seiner   10
erschlafften Hand.

„W-w-wer bist du?"

„Ich bin es doch! Erkennst du mich nicht?"

„Büffelmädchen? Du?"

„Ja, lieber Bruder. Ich bin Yucca Büffelmädchen."

5 „Warum bist du hier?"

„Weil ich dich heimholen will. Ich habe das Pferd
der Weisen Frau bei mir. Komm herunter von dem
Stein! Ich helfe dir."

„Hast du das Feuer gemacht?"

10 „Ja. Wie sollte ich dich sonst vor den Wölfen retten?"

Kleiner Fuß löste die Hände vom Gestein und ließ
sich fallen. Yucca war nicht stark genug, um den rut-
schenden Körper aufzufangen. Zusammen stürzten
15 sie ins kokelnde Gras. Aber das war nicht so schlimm.
Schlimm war, dass Kleiner Fuß so heftig nach Luft rang
und zähen Schleim hustete. Yucca nahm alle Kraft zusammen und richtete den Körper des Bruders so auf,
dass er sitzend Halt fand am Felsen.

20 „Dass du lebst!", flüsterte Yucca. „Dass du lebst! Ich
hatte so große Angst um dich. Du musst ruhig atmen,
hörst du mich? Ganz ruhig."

Kleiner Fuß röchelte und spuckte aus. Er hatte die
Augen geschlossen, aber ein dünnes Lächeln ging über
25 sein Gesicht. „Wie – wie hast du mich denn gefunden?
Sag, kleine Schwester, wie hast du mich gefunden in
diesem – diesem weiten Land?"

„Ich habe deine Gedanken gedacht." Yucca
schluchzte vor Kummer und vor Freude. „Schlaf nicht
30 ein, Kleiner Fuß! Wir müssen weg von hier."

Der Rand des Tümpels war zermatscht von zahllosen Büffelhufen, war verkotet und veralgt. Yucca zögerte nicht. Sie watete durch die Wasserstelle bis zu den ausgewaschenen Steinplatten auf der anderen Seite, über die das Wasser rann, das vom verschneiten 5 Bergkamm kam. Sie nahm das Stirnband ab und hielt es in das kühle Nass, bis es vollgesogen war, dann eilte sie zurück zu ihrem Bruder.

„Öffne den Mund, Kleiner Fuß!"

Gierig schluckte Kleiner Fuß die Tropfen. Als Yucca 10 das Stirnband ausgewrungen hatte, lief sie noch einmal zur Wasserstelle. Die Dunkelheit war hereingebrochen. Vorsichtig setzte Yucca die Füße und tastete sich durch das brackige Wasser des Tümpels. Wieder nässte sie das Stirnband – so gut es ging. 15

brackig
leicht salzig und
deshalb nicht
trinkbar

„Ich will dich ein wenig waschen", sagte sie leise. „Vielleicht tut es weh. Aber das hältst du aus, denn du bist ja tapfer."

Und Kleiner Fuß war tapfer. Er zuckte nicht, als Yucca Blut, Ruß und Staub von seinen Armen und Bei- 20 nen wischte. Der Saum der Hose war zerfetzt, Risse überall im Leder von den scharfen Zähnen der Wölfe. Yucca schob die Hosenbeine hoch und betastete die Wunden. Es war nicht mehr hell genug, sie konnte es nicht sehen, doch sie spürte, dass die Kratz- und 25 Bisswunden noch bluteten. Wenn doch jetzt die Weise Frau hier wäre!, wünschte Yucca. Was kann man tun, um die Blutungen zu stillen?

Hatte Kleiner Fuß ihren Gedanken erraten? „Lass nur", sagte er matt, „das hört von selber auf zu blu- 30 ten. Mach dir keine Sorgen. Sie haben mich nicht so schlimm verletzt, diese verfluchten Wölfe."

„Weil du dich so mutig gewehrt hast." Yucca rieb mit dem Ärmel ihres Kleides den Schweiß aus dem Gesicht ihres Bruders. „Ob du es wohl schaffst bis zu der Stelle, wo ich das Pferd angebunden habe? Es ist nicht sehr weit." Yucca sagte nicht: Wir müssen weg von hier, weil ich Angst habe, dass die Wölfe zurückkommen. Sie sagte: „Wir können doch nicht hier die Nacht verbringen. Der Brandgeruch. Und vielleicht wird der Wind stärker. Dann flammt das Feuer wieder auf. Und wie es hier stinkt!"

„Ich schaffe es schon." Kleiner Fuß erhob sich mühsam.

„Warte hier!", rief Yucca. Dann rannte sie zu der Stelle, an der sie den Schulterbeutel abgelegt hatte. Hastig stopfte sie den Feuerquirl in die Tasche und eilte zu ihrem Bruder zurück. Sie riss einen Distelstrunk, der noch glühte, aus dem Boden. Das tat weh. Kam der Schmerz von den Stacheln oder von der Hitze? Yucca achtete nicht darauf. „Komm, versuchen wir's! Ich helfe dir."

Kleiner Fuß legte den Arm um die Schultern der Schwester, mit dem anderen stützte er sich auf seinen Bogen. Schritt für Schritt bewegten sich die Geschwister hügelaufwärts. Da und dort glühten noch Funken und kleine Flammen. Weit weg, unsichtbar in der Dunkelheit, brüllte klagend ein Büffel. Yucca lief es kalt den Rücken herunter. Fielen die Wölfe über eines der sterbenden alten Tiere her?

Yucca hatte jegliches Gefühl für die Zeit verloren. Irgendwann erreichten sie das Gehölz, wo die Stute angebunden war. Das Pferd schnaubte aufgeregt. Yucca beruhigte es mit schmeichelnden Worten. Sie breitete für den Bruder die Pferdedecke aus. Kleiner Fuß sank erschöpft nieder. Yucca fühlte, dass er zitterte. Sie hüllte ihn mit der Felldecke ein und strich ihm zärtlich über die Stirn. Sie wollte ihm auch Dörrfleisch und Maiskörner zu essen geben, doch da war er schon in tiefen Schlaf gefallen.

Der Distelstängel glühte nur noch schwach. Hastig raffte Yucca Grashalme, Laub und trockene Föhrenzweige zusammen. Ein Feuer war wichtig, denn irgendwo da draußen trieb sich die Meute herum. Vielleicht hatten die gierigen Wölfe ihren Hunger noch nicht gestillt. Yucca pustete und pustete. Das Ende des Stängels leuchtete auf. Bald knisterte ein kleines Feuer.

So müde sie auch war: Yucca wusste, dass sie nicht einschlafen durfte. Sie musste den Schlaf ihres Bruders bewachen. Das Pferd ruhte im Gras, Kleiner Fuß stieß wimmernde Schnarchlaute aus – und Yucca starrte ins Feuer und lauschte den Geräuschen der Nacht.

Da spricht leise und eindringlich die Weise Frau: *Büffelmädchen, hast du den großen grauen Wolf vergessen? Was für eine prächtige Jagdtrophäe für deinen Bruder! Du musst deinen Verstand gebrauchen. Wenn Kleiner Fuß mit dem Fell des größten aller Wölfe ins Dorf käme …*

Yucca fuhr hoch. Hatte sie geträumt? Ihr war, als hätte sie die Stimme der Weisen Frau vernommen. Fröstelnd rückte sie näher ans Feuer. Der Abendnebel war verflogen. Der Sternenhimmel funkelte wie irr. Yucca legte Holz nach. Dann war in ihrem Kopf plötzlich ein Plan.

Ich muss die Furcht besiegen, redete sie sich zu, ich muss die Furcht besiegen. Sie zog das Messer aus der Scheide. Das war ein gutes Gefühl. Dann huschte sie davon, hinunter zur Ebene, zu den Felsbrocken im Grasland. Im fahlen Sternenlicht fand sie leicht den Weg. Der Geruch vom Brand lag noch in der Luft. Yucca brauchte nicht lange zu suchen. Der Kadaver des Wolfes, den die Büffelkuh mit ihrem Schädel zermalmt hatte, hob sich hell von der Schwärze ab. Yuccas Entschlossenheit war stärker als die Scheu. Ob Wölfe das Fleisch eines toten Artgenossen fressen, wusste sie nicht, aber es konnte ja sein. Das Fell dieses Riesenwolfes war wichtig. Der Plan!

Yucca nahm allen Mut zusammen und fasste die Hinterbeine des Wolfskörpers. Dass sie solche Kraft besaß, hatte sie vorher nicht gewusst. Sie zog das tote Tier hinter sich her, verschnaufte nur kurz, wenn das Herz zu heftig schlug, wenn die Lungen stachen, und schaffte die Strecke bis zur Feuerstelle.

Außer Atem schlüpfte Yucca unter die Felldecke und kuschelte sich an den schlafenden Bruder. „Alles wird gut, Kleiner Fuß", flüsterte sie.

Der rote Schnee

Yucca schlug jäh die Augen auf. Also war sie in der
Nacht doch eingeschlafen, also hatte sie nicht Wache
gehalten, also hatte sie nicht das Feuer gehütet. Sie
schämte sich vor sich selbst. Der Tag war angebrochen.   5
Yucca kroch vorsichtig unter der Felldecke hervor, um
den Bruder nicht zu wecken. Kleiner Fuß schlief noch
fest, doch sein Schlaf war voll Unruhe. Ruckartig warf
er den Kopf hin und her und stöhnte zitternd. Wurde
er von Angstträumen gequält? Bebten die Erinnerun-   10
gen nach an heulende Wölfe, an grauenhaft gefletsch-
te Zähne, an fauchendes Feuer und an seinen verzweifelten Kampf? Yucca strich dem Bruder über die Stirn
und fühlte kalten Schweiß.

Was war das?   15

Irgendein Geräusch hatte sie aufgeschreckt. Fröstelnd in der Morgenkälte rieb Yucca sich die Arme und
die Beine. Dann ließ sie den Blick schweifen. War jemand in der Nähe? Ein Mensch? Ein Tier? Schlich sich
die Meute der Wölfe an?   20

Der große Wolf!

Yucca fasste sich an den Hals, um nicht zu schrei-
en, als ihr Blick auf den gewaltigen grauen Körper fiel,
der da nur wenige Schritte entfernt im Gesträuch lag.
War der Wolf nicht wirklich tot? Entsetzt sah Yucca,   25
wie sich die Haare des Fells bewegten. Sie fasste nach
ihrem Messer – und begriff erleichtert, dass es nur der
Wind war, der in der Behaarung des toten Tieres spiel-
te. Yucca atmete tief. Plötzlich waren die Bilder vom

vergangenen Abend lebendig vor ihr und ließen sie
bis ins Innerste erschaudern. Erleichterung und Erinnerung an die Angst: ein verwirrendes Gefühl. Yucca
konnte es jetzt kaum glauben, dass sie tatsächlich den
schweren Wolfskörper hierhergezogen hatte. Mit an-
gehaltenem Atem trat sie ein Stück näher heran. Sie
sah vom Feuer versengte Stellen im Fell und die blick-
losen Augen. – Der Plan! Das Fell des Riesenwolfes gehörte zu ihrem Plan. Yucca schaute zum Pass hinauf.
Der Schneekamm gleißte in der Morgensonne. Auf
dieser Seite des Berghanges war das Licht noch grau.

Das Geräusch. Da war doch ein Geräusch gewesen,
das hatte sie aufgeschreckt. Yucca lauschte. Da war
es wieder! Als ob Zweige knackten. Die letzten Spuren der Schlaftrunkenheit fielen von ihr ab, plötzlich
war Yucca hellwach und erkannte: Das Pferd war verschwunden! Hatte sein empfindlicher Geruchssinn die
Ausdünstungen des Wolfskörpers wahrgenommen?
Hatte die Stute sich losgerissen, weil ihr Urinstinkt sie
vor dem Raubtier gewarnt hatte?

Yucca hastete vorwärts. Sie ahnte die Richtung.
Zweigwedel peitschten ihr durch das Gesicht, abge-
storbene Äste kratzten an ihrer Haut. Yucca achtete
nicht darauf. Sie stolperte, stürzte, sprang wieder auf
die Füße und eilte weiter. Dann erreichte sie eine be-
mooste Lichtung, die von fast verfaulten Föhrenstämmen, irgendwann vom Sturm geknickt, gesäumt war.
Und sie sah das Pferd, das friedlich an der Rinde einer
jungen Birke knabberte. Erleichtert atmete Yucca aus.

„Du blödes Pferd!", schimpfte sie lachend. „Du hast

mir einen schönen Schrecken eingejagt. Wie sollten
wir denn ohne dich nach Hause kommen?"

Das Pferd wieherte unwillig, tänzelte auch auf-
geregt, aber es floh nicht. Yucca nahm die Enden der
Zügel auf, die am Boden schleiften, und tätschelte den
Hals der Stute.

„Du bist ein braves Pferd, ja, ja. Aber komm jetzt
mit mir. Wir dürfen keine Zeit verlieren."

Ein bisschen bockig folgte die Stute dem Mädchen
zum Lagerplatz. Das Feuer war längst verglommen.
Weit genug weg vom Wolfskadaver band Yucca das
Pferd an und machte einen besonders festen Knoten.

Kleiner Fuß war aufgewacht. Er schlug die Decke
zurück und betastete seine Beine. Jetzt, bei Tageslicht,
konnte Yucca die Verletzungen erst richtig sehen. Einige Schrammen und Kratzer schienen harmlos zu sein.
Angetrocknetes, fast schon verkrustetes Blut, Schlie-
ren vom Geifer der Wölfe, Schwellungen. Doch die
Reißzähne hatten auch tiefe Wunden gerissen. Yucca
hatte Sorge, dass sie sich entzünden könnten.

Sie sagte: „Wir werden sie mit Schnee kühlen. Und
im Dorf wird die Weise Frau deine Wunden mit Heil-
kräutern behandeln. Sie kennt sich ja aus."

„Ich kehre nicht ins Dorf zurück. Biberzahn hat
mich verstoßen. Jetzt habe ich meine Ehre verloren.
Die Leute würden über mich lachen."

Yucca bebte vor Empörung. „Wie kannst du nur so
reden, Kleiner Fuß! Unser Vater hatte kein Recht, dich
fortzuschicken. Nur der Häuptling darf ein Mitglied
des Stammes aus dem Dorf verweisen, wenn der Rat

Schliere
schmieriger
Streifen

der Ältesten es beschlossen hat. Was Biberzahn in seiner Wut getan hat, war Unrecht. Er ist ein Dummkopf, er denkt nur an sich. Du darfst dir das nicht gefallen lassen. Du hast deine Ehre doch gar nicht verloren."

Kleiner Fuß lachte bitter. „Du hast doch gesehen, was bei den Wettkämpfen geschehen ist. Ich war wieder einmal der Verlierer. Immer bin ich der Verlierer. Ein Sohn, der eine Beleidigung für seinen Vater ist ..." Kleiner Fuß spuckte aus.

„Hör auf!", schrie Yucca den Bruder an. „Was haben denn diese lächerlichen Wettkämpfe zu bedeuten, bei denen jeder bloß angeben will! Was haben die mit dem wirklichen Leben zu tun? Ein Spaß für die Zuschauer – sonst nichts. Du hast doch bewiesen, wie zäh und klug und mutig du bist. Wer von den anderen Jungen hätte ganz allein den langen Weg bis hierher geschafft? Wer hätte ihn überhaupt gewagt? Du hast den Puma in die Flucht geschlagen ..."

„Woher weißt du das, Büffelmädchen?", fragte Kleiner Fuß erstaunt.

„Ich habe ihn doch gesehen. In seinem Körper steckte ein abgebrochener Pfeil."

„Das war mein letzter. Jetzt habe ich nur noch den nutzlosen Bogen."

Yucca widersprach. „Nutzlos? Damit hast du den Angriff der Wölfe abgewehrt. Das hätte von den jungen Kraftprotzen im Dorf keiner gekonnt, das kannst du mir glauben."

Kleiner Fuß schüttelte den Kopf. „Dein Feuer hat mich gerettet. Ohne das Feuer wäre ich verloren gewesen." Er schloss die Augen und flüsterte, als erlebte er die schreckliche Gefahr noch einmal: „Dass die Wölfe mich angreifen, das hätte ich nicht gedacht. Jeder weiß doch, dass Wölfe den Menschen ausweichen, weil sie sie für überlegene Gegner halten. Aber dieses ver- ⁵ fluchte Rudel . . . " Kleiner Fuß brach ab und schüttelte sich. Dann schaute er seine Schwester an und ballte die Fäuste. „Diese Wölfe, die waren wie in Tollwut. So etwas wie ein Blutrausch, verstehst du?"

„Ich habe es doch erlebt", sagte Yucca und legte ¹⁰ dem Bruder die Hand auf die Schulter, um ihn ein wenig zu beruhigen. „Hattest du die Wölfe denn nicht rechtzeitig erspäht? Konntest du dich nicht vor ihnen verstecken?"

Kleiner Fuß ließ die Fäuste sinken. „Als ich den ¹⁵ Pass überquert hatte, erkannte ich sofort, dass die letz- te Herde längst weitergezogen war zu anderen Weide- gründen. Nur ein paar uralte, sterbende Büffel waren zu sehen, die waren zu schwach, um der Herde zu fol- gen. Und dann war da noch die Büffelkuh mit dem be- ²⁰ hinderten Kalb. Das junge Tier brach immer mit den Hinterbeinen ein. Es war verkrüppelt. Plötzlich kamen die Wölfe. Sie machten sich an das kranke Kalb ran. Und dann entdeckten sie mich. Ein verkrüppeltes Büf- felkalb und ein verkrüppelter Mensch – leichte Beute." ²⁵

„Warum sagst du so etwas?" Yucca hatte Tränen in den Augen.

„Weil es so ist. Ich bin ein Krüppel. Das wissen doch alle."

Yucca fasste den Bruder bei den Schultern und ³⁰

schüttelte ihn. „Unsinn! Unsinn! Hat dich dein schwaches Bein etwa daran gehindert, diesen langen Weg zu gehen? Was du geleistet hast, Kleiner Fuß! Du bist ausdauernder als jeder andere, du bist klug und hast die richtigen Pfade gefunden ins Büffelland. Ich weiß genau, dass du einmal ein berühmter Späher und Kundschafter und Fährtensucher sein wirst. Für die Jäger wirst du das Wild aufspüren und die Wasserstellen finden …"

„Hör schon auf!", knurrte Kleiner Fuß schroff. „Ich kehre nicht mit dir ins Dorf zurück. Einen weißen Büffel finde ich sowieso nicht."

„Nein, den wirst du nicht finden!", rief Yucca schluchzend. „Hat jemals ein Jäger aus unserem Dorf einen weißen Büffel erlegt? Hat irgendeiner überhaupt schon einmal einen weißen Büffel gesehen? Biberzahn ist böse. Er verlangt Unmögliches von dir." Yucca wischte sich mit dem Ärmel die Tränen aus dem Gesicht. „Und jetzt? Wohin willst du denn jetzt gehen? Los, sag mir das!"

Kleiner Fuß deutete mit der Hand über die Schulter. „Die blaue Wand. Ich will über die Büffelebene zu den großen Bergen. Vielleicht kann ich dort leben."

„Leben?" Yucca lachte bitter auf. „Dort kannst du doch nicht leben, dort kannst du nur sterben. Lieber Bruder! Du hast keine Pfeile mehr. Nur noch ein Messer. Bald ist der Winter da. Du hast keine warme Kleidung, kein Tipi. Du wirst erfrieren oder verhungern oder von wilden Tieren getötet. Gebrauch doch deinen Verstand! Bitte, bitte!"

„Manche behaupten, irgendwo in den Bergen gäb's ein Zauberland." Seine Stimme klang verzagt und trotzig zugleich. Kleiner Fuß versuchte zu lächeln. „Es kann doch sein, dass ich es finde. Vielleicht lebt in einem Bergtal ein Stamm, der mich aufnimmt."

„Glaubst du wirklich an solche Märchen?", fragte Yucca. „An den Lagerfeuern werden viele Lügengeschichten erzählt. Du weißt so gut wie ich, dass bei der blauen Wand das Gebiet der Schoschonen endet. Niemand weiß etwas über das Gebirge." Sie griff nach den Händen des Bruders und zog ihn mit sich. „Komm, ich will dir etwas zeigen! Ich habe einen Plan."

So ausgestreckt im Gras wirkte der tote Leib des Wolfes beängstigend groß. Kleiner Fuß zuckte erschrocken zurück, als er den Kadaver erblickte. Unwillkürlich fasste er nach seinem Messer. „Hast du – hast du ihn hergeschleppt?"

Yucca nickte. „Ja, ich habe ihn in der Dunkelheit hierhergebracht, als du schon eingeschlafen warst. Es war sehr schwer, doch ich habe es geschafft. Hat es wohl jemals einen gewaltigeren Wolf gegeben?"

Kleiner Fuß beugte sich zögernd über das tote Tier. „Gewiss ist es der größte Wolf, den es je gegeben hat. Ich habe es gesehen und gehört, wie die Büffelkuh ihn zerquetscht hat."

„Wir werden jetzt etwas essen", erklärte Yucca bestimmt, „und dann werden wir ihn häuten. Sein Fell wird der Beweis sein, dass du eine überaus tapfere Tat begangen hast. Du hast mit ihm gekämpft, du hast ihn besiegt."

Kleiner Fuß starrte Yucca empört an. „Aber so war es doch nicht! Wie darf ich behaupten, dass ich diesen Riesenwolf erlegt hätte! Das wäre nicht ehrenhaft."

„Nicht ehrenhaft?" Yucca kniete nieder und zog die
5 Lefzen des Wolfes zurück, die Reißzähne blitzten im Licht. „Es war ehrenhaft, wie du dich gegen die Wölfe gewehrt hast. Aber war es ehrenhaft, was Biberzahn dir angetan hat? War es ehrenhaft, dass niemand für dich das Wort ergriffen hat? War es ehrenhaft, dass
10 sie dich mit den anderen Jungen um die Wette rennen ließen? War es ehrenhaft, dass man dich verspottet hat? Wir müssen uns nicht nur gegen Wölfe wehren, sondern auch gegen Menschen."

„Was du so redest, Büffelmädchen!"
15 Es war eine ungemein schwere Arbeit, das Fell vom Kadaver des großen Wolfes zu lösen. Dazu kam, dass Yucca die unerklärbare Scheu überwinden musste, die sie schon immer empfunden hatte vor allem, was tot war. Yucca hatte den Frauen schon oft beim Abbalgen abbalgen
*das Fell
abziehen*
20 von Tierkörpern geholfen, sie hatte mit scharfen Käm- men aus Knochen Fleischreste von aufgespannten Häuten gekratzt, hatte mit Asche die Nässe der Innen- seiten der Felle getrocknet, war beim Walken und beim walken
kneten Gerben in der Baumrindenlohe dabei gewesen, hatte
25 mit Fett und Talg das Leder geschmeidig gemacht. gerben
Leder Doch stets war da ein merkwürdiges Gefühl gewesen. *bearbeiten* Ekel? Traurigkeit? Yucca wusste es nicht genau. Lohe
ein Gerbmittel

Dieses war etwas ganz anderes. Sie hatte den mäch- tigen Wolf noch lebend gesehen, hatte sein Sterben
30 erlebt. Nun empfand sie vor allem Angst, obwohl das

Tier doch tot war, aber das ließ sie sich nicht anmerken. Kleiner Fuß schnitt und schlitzte wie besessen mit seinem Messer, als wollte er sich die Anspannungen der vergangenen Tage aus den Poren schwitzen. Yucca half mit, so gut sie konnte. Der süßliche Gestank von Blut und Ausdünstungen schlug ihr auf den Magen. Kleiner Fuß und Yucca arbeiteten schweigend. Viel Zeit verging, bis sie das Fell abziehen konnten. Kleiner Fuß trennte auch den Kopf vom Kadaver, der gehörte zum Fell, war Teil der Trophäe, diente wie der Schwanz als Beweis für die außergewöhnliche Größe dieses Tieres. Zurück blieb ein triefender Fleischklumpen – Fraß für die Geier.

Kleiner Fuß schleifte das Fell über Gras und Steine und rollte es dann zu einem unförmigen Bündel zusammen.

Yucca stieß wieder und wieder ihr Messer in die Erde, um die Klinge zu säubern. Blut an den Händen, Blut an den Armen. Yucca sehnte sich nach dem Schnee. Schnell holte sie das Pferd. Aber die Schecke stieg, keilte aus, schrie schrill, als Kleiner Fuß sich mit dem Wolfsfell näherte. Der Geruch machte das Pferd wild vor Angst. Es war unmöglich, ihm das Bündel auf den Rücken zu legen.

„Reite du voraus", sagte Yucca. „Ich ziehe das Fell hinter mir her, damit es andere Düfte annimmt. Warte oben auf dem Schneekamm auf mich."

„Das ist zu schwer für dich", widersprach Kleiner Fuß. „Und wie kann ich auf einem Pferd sitzen, während du laufen musst!"

Schecke
geflecktes Pferd

„Du bist in den letzten Tagen genug gelaufen."
Yucca griff entschlossen in den Pelz. „Reite los! Wir
müssen weg von hier."

Sie keuchte vor Anstrengung. Die Luft wurde dünner. Wenn der Wolfsschädel gegen Steine stieß, klapperten die Zähne. Dann wurde das Gelände steiler.
Immer wieder musste Yucca stehen bleiben, um Atem
zu schöpfen. Der Reiter weit vor ihr war bald nur noch
ein Pünktchen.

Ich bin stark, ich bin zäh, ich schaffe es!, hämmerte
es in ihren Gedanken. Ich will es und ich schaffe es!

Dann endlich erreichte Yucca die Schneegrenze.
Sie ließ ihre Last los und reinigte ihre Hände und ihre
Arme. Sie rieb sich Schnee ins Gesicht, stopfte sich
Schnee in den Mund. Das erfrischte sie.

Weiter!

Yucca blickte sich um. Das Wolfsfell malte eine
lange Blutspur in den Schnee. Ein erschreckend schönes Bild. Roter Schnee.

Die samtschwarze Schlange

Kleiner Fuß hatte sich in die Decke gehüllt und kauerte an der Wand des Felsturmes. Hier oben auf dem Kamm war es bitterkalt. Der Wind blies Muster in den feinen Schnee. Die Sonne strahlte hell, aber sie wärmte nicht. 5

Yucca sah, wie ihr Atem wie Rauch verwehte. Sie war erschöpft vom Aufstieg, doch sie fühlte sich in diesem Augenblick glücklich. Sie hatte den Bruder gefunden und befand sich mit ihm auf dem Heimweg. 10 Und Helligkeit umgab sie, blendende Helligkeit. Sie breitete das Wolfsfell so aus, dass die Innenseite von Wind und Kälte getrocknet wurde, dann rieb sie es mit Schnee ein, um den Blutgeruch zu vertreiben. Ihre Finger waren blau und gefühllos, doch den prickeln- 15 den Schmerz hielt sie aus.

„Hilf mir, Kleiner Fuß! Wir versuchen es noch einmal. Das Fell stinkt nicht mehr. Vielleicht lässt das Pferd es jetzt zu, dass wir es auf seinen Rücken laden." 20

Sie rollten das Wolfsfell zusammen. Die Stute zuckte kaum, als sie die fremde Last spürte. Gegen einen Pelz, der den Raubtiergeruch verloren hatte, sträubte sie sich nicht. Yucca kramte Pemmikan aus dem Beutel. Kleiner Fuß nahm nur zögernd ein Stück. Als 25 Yucca ihm ins Gesicht schaute, erstarb das Gefühl der Freude. Ihr Bruder hatte die Augen zusammengeknif- fen und starrte zurück ins Büffelland. Yucca spürte, dass er bedrückt war und dass ihn die Schmach quälte, mit einer Lüge heimzukehren ins Dorf. Sein Stolz war verletzt. Er hatte den großen Wolf nicht getötet. Und seine Rettung war das Feuer gewesen, das seine Schwester entfacht hatte. Yucca glaubte, seine Gedanken zu lesen und seine Scham zu fühlen.

Plötzlich die Angst: Kleiner Fuß könnte mir das Pferd rauben und einfach davonreiten, vielleicht zurück durch das Büffelland zur blauen Wand oder in irgendeine andere Einsamkeit, wo er sich verstecken kann und dann wie ein krankes Tier sein Leben verlieren wird. Hat er den Entschluss, mit mir heimzukehren, schon bereut?

Kleiner Fuß ließ die Decke von seinen Schultern gleiten und legte sie Yucca um. Mit Schnee wusch er die Wunden aus, die die Wölfe ihm gerissen hatten. Die Kälte schien die Schmerzen zu betäuben, denn Kleiner Fuß lächelte entspannt. Da wich auch die Angst aus Yuccas Gedanken.

„Lass uns endlich aufbrechen, Büffelmädchen. Der Weg ist weit."

Yucca nickte eifrig und fasste nach den Zügeln. Mit größter Vorsicht musste sie das Pferd führen, denn auf dieser Seite des Passes fiel das Gelände steiler ab. Kleiner Fuß stützte sich auf seinen Bogen, um das rechte Bein zu entlasten. Mit der anderen Hand hielt er sich am Widerrist der Stute fest. Sie folgten jetzt in umgekehrter Richtung den Spuren, die sie am Vortag in den Schnee getreten hatten. Der große Wald, tief unten im Tal, war in Nebel gehüllt. Yucca dachte: Es sieht aus, als befänden wir uns hoch über den Wolken.

Das Pferd setzte nur tastend und zögernd die Schritte. Es spürte, wie gefährlich der Abstieg war. Hin und wieder glitt es aus, knickte mit dem Hinterteil ein, versuchte rutschend mit gestemmten Vorderbeinen wieder Halt zu finden. Einmal musste Yucca die Zügel loslassen und zur Seite springen, als die Stute einbrach und sich fast überschlug. Auch Yucca strauchelte und fiel kopfüber in eine Verwehung zwischen scharfen Felsbrocken. Sie schrie auf. Das Wolfsfell rollte über sie. Der Schädel mit den grässlichen Zähnen schlug ihr auf die Nase. Für einen Augenblick war Yucca blind vor Schmerz.

Sofort war Kleiner Fuß bei ihr. „Büffelmädchen! Bist du verletzt? Sag doch etwas!"

Benommen richtete Yucca sich auf. „Nein, ich glaube nicht. Es war nur ..." Sie betastete ihre Nase. „Es war nur der Schreck. Du musst das Pferd wieder einfangen, schnell!"

„Aber du hast Blut am Ärmel!"

Yucca lächelte gequält. „Das ist nicht mein Blut. Die Blutflecke stammen vom großen Wolf. Wir waren so ungeschickt beim Abhäuten. Viel zu tief haben wir mit den Messern ins Fleisch gestochen, darum hat das Blut so gespritzt."

Kleiner Fuß biss sich verlegen auf die Unterlippe, denn das war auch für ihn eine Rüge. „Ich habe ja noch nicht gelernt, wie man einem Wolf das Fell abzieht, ich bin doch noch kein richtiger Jäger."

„Wir konnten es ja nicht besser. Fang jetzt lieber das Pferd ein!", mahnte Yucca. „Es darf uns nicht weglaufen. Was würde die Weise Frau sagen! Außerdem haben wir noch einen weiten Weg vor uns." Yucca schwankte ein wenig, als sie auf die Beine kam. Sie zupfte sich eisige Schneeklumpen aus dem Haar.

Kleiner Fuß humpelte hastig den Hang hinunter. Das Pferd stand in einer Senke zwischen verschneitem Geröll und schnupperte nach Gräsern. Trotz der Kälte dampfte sein Körper. Es sträubte sich nicht, als Kleiner Fuß die Zügel ergriff.

„Ich hab das Pferd!", rief Kleiner Fuß und rang keuchend nach Luft. „Kannst du kommen, Büffelmädchen? – Sei vorsichtig!"

„Ich komme!" Yucca packte das Wolfsfell zusammen. „Ich komme!"

Blanker Fels, Steine, karge Sträucher, Sand. Kein Schnee mehr. Die Mittagssonne schien blasser als an den Tagen zuvor. Im Westen hing ein Wolkenstreifen über dem Horizont.

„Wir müssen einen Bogen schlagen um die Felsnase", sagte Kleiner Fuß, „da oben hat der Puma gelauert – und ich habe keine Pfeile mehr."

Sie änderten die Richtung und fanden einen Tierpfad jenseits der kahlen Geisterbäume, auf dem näherten sie sich dem Rand des großen Waldes. Die Sonne stand schon tief. Es schien, als hätte sie an Glanz verloren. Der Herbstwind tuschelte im Gesträuch. Yucca und ihr Bruder wechselten sich beim Reiten ab. Wer auf dem Pferd saß, musste das Wolfsfell festhalten. Die gescheckte Stute schien keine Müdigkeit zu kennen.

Yucca war einige Schritte vorausgeeilt, sie duckte sich und gab mit einem Handzeichen ihrem Bruder zu verstehen, dass er das Pferd anhalten und in Deckung bleiben solle. Sie ließ den Blick schweifen und prüfte sorgfältig die Umgebung.

„Was ist?", fragte Kleiner Fuß. „Hast du etwas erspäht?"

„Sei leise! Gestern habe ich am Waldrand fremde Reiter gesehen. Sie kamen von der Jagd. Es kann sein, dass sie irgendwo hier in der Nähe ihr Lager aufgeschlagen haben."

„Fremde Reiter?", zischte Kleiner Fuß zornig. „Sie wildern im Jagdgebiet unseres Stammes! Das ist ein Frevel. Wir müssen es dem Häuptling melden." Er glitt vom Pferderücken. „Unsere Krieger werden die Eindringlinge niedermachen und ihnen die Beute wegnehmen."

„Erst einmal müssen wir unser Dorf erreichen", gab Yucca zu bedenken. „Kannst du etwas Verdächtiges erkennen?"

Kleiner Fuß schüttelte den Kopf. „Wahrscheinlich haben sie sich längst wieder aus dem Staub gemacht. Los, weiter, Büffelmädchen! Wir dringen in den Wald ein und folgen dem Bachlauf."

Yucca wusste, dass das der beste Weg war, sie kannte ihn ja schon, aber sie dachte auch an die Bärin und ihre zwei Jungen, denen sie in der Klamm begegnet war. Mit größter Vorsicht mussten sie sich bewegen, denn der Wald war voll Gefahr.

Gefahr! Kaum hatte Yucca das Wort gedacht. Da

war eine Gefahr! Das Pferd erstarrte in der Bewegung, blies leises Pfeifen aus den Nüstern, warf dann, schreckgeweitet die Augen, den Kopf zurück. Kleiner Fuß riss den Bogen von der Schulter – aber er hatte
5 ja keine Pfeile mehr im Köcher. Yucca presste sich die Hand vor den Mund, um nicht zu schreien.

Die Schlange war samtschwarz. Sie wand sich in gleitenden Bewegungen von einer flachen Felsplatte hinunter und versperrte den Weg. Vielleicht hatte
10 das Trappeln des Pferdes sie aus dösender Ruhe aufgeschreckt, als sie die letzte Wärme des Tages in den Körper sog. Eine Waldklapperschlange, eine männliche. Yucca wusste, dass die Weibchen schwefelgelb sind, und Yucca wusste auch, dass der Biss der Klap-
15 perschlangen fast immer tödlich ist. Nicht lange war es her, dass die Squaw Helle Wolke qualvoll gestorben war, als sie beim Kräutersuchen plötzlich auf das Nest einer Schlange gestoßen war.

Yucca spürte, wie ihr im ganzen Körper eiskalt
20 wurde. Ausweichen war unmöglich, denn links und rechts stiegen die Waldhänge zu steil an. Das Pferd wenden und nach rückwärts fliehen? Das wäre ein schlimmer Fehler. Bei einer raschen Bewegung würde die Klapperschlange sofort zustoßen – wie ein Blitz.
25 Yucca versuchte zu schlucken. Das Entsetzen hatte ihren Mund ganz trocken gemacht.

Die Schwanzspitze zitterte heftig. Also war die Klapperschlange auf Angriff aus. Es war ein schreckliches, lautes Rasselgeräusch, das die hohlen Hornglie-
30 der erzeugten. Die gespaltene Zunge schien zu tanzen.

Mehr noch als die Giftzähne erschreckten die dunklen Augen. Unheimlich, rätselhaft, kalt.

Diese Hilflosigkeit! Trotz der Leere im Kopf wunderte Yucca sich, dass das Pferd nicht hochstieg und wild auskeilte und in Panik geriet. War die Stute auch erstarrt von dem zwingenden Blick der Schlange?

Kleiner Fuß fasste den Bogen fester. Er flüsterte, ohne die Lippen zu bewegen: „Rette dich, Büffelmädchen! Geh ganz, ganz langsam rückwärts und mach keine hastigen Bewegungen. Ich will versuchen die Schlange mit der Bogensehne zu erwürgen."

„Versuch das nicht, Kleiner Fuß! Sie ist zu schnell. Sie ... Sie wird dich töten."

„Wenn ich doch nur einen Pfeil hätte!"

Wach auf, Büffelmädchen!, spricht die Weise Frau. Ist dein Verstand erfroren? Du hast einen langen Weg hinter dir. In allen Gefahren hast du klug gehandelt. Willst du jetzt versagen, nur weil die Furcht dich lähmt? Erinnere dich!

Die Stimme der Weisen Frau verstummt, das uralte Gesicht verblasst.

Plötzlich wich die Kälte. Yucca wusste auf einmal die Antwort und sie schämte sich, dass sie ihr erst jetzt einfiel.

Der Pfeil, den sie aus dem Fluss gefischt hatte!

Sie wisperte: „Greif in den Lederbeutel auf meinem Rücken! Ein Pfeil. In dem Beutel ist ein Pfeil. Sei vorsichtig!"

Kleiner Fuß behielt die Beherrschung. Ohne Hast bewegte er die Hand, langsam, ganz langsam. Seine Finger ertasteten den Pfeil. Ohne zu zittern zog Kleiner Fuß ihn aus dem Beutel.

Aber die Klapperschlange hatte die Bewegungen doch bemerkt. Die Rassel tönte lauter, der Kopf pendelte, das Zischen kündigte den Angriff an.

Dies war der Augenblick der Entscheidung.

„Ziel genau, Kleiner Fuß! Du hast nur den einen Schuss."

Kleiner Fuß hatte den Bogen schon gespannt. Zisch! Die Sehne sirrte noch nach, als der Pfeil sich längst in den Körper der Schlange gebohrt hatte. Die Klapperschlange wirbelte im Kreis herum, überschlug sich noch und noch in peitschenden Zuckungen im Todeskampf, rollte sich zusammen und schnellte wieder auseinander.

„Du hast es geschafft, Kleiner Fuß, du hast es geschafft!"

Kleiner Fuß beendete das Leiden der Klapperschlange. Er warf einen Ast über den vibrierenden Körper und drückte ihn nieder. Dann trennte er mit einem schnellen Messerschnitt den Kopf ab. Er schnitt auch die Rassel vom Schwanzende und warf sie Yucca zu. Die stopfte sie in die Ledertasche.

„Verzeih mir, schöne Schlange, dass ich dein Leben beendet habe", sprach Kleiner Fuß feierlich. „Ich bewundere deine Schönheit, deine Geschmeidigkeit und deine gefährliche Kraft. Aber ich musste dich töten, weil du uns im Wege warst."

Yucca staunte. „Du redest ja schon wie ein Jäger!"

„Vielleicht gehöre ich bald zu den Jägern", antwortete Kleiner Fuß. „Sollen wir die Schlangenhaut mitnehmen? Maisblüte könnte dir einen feinen Gürtel daraus
machen. Und wir könnten am Abend das Fleisch der
Schlange über dem Feuer braten. Es schmeckt gut."

Kleiner Fuß zog den Pfeil aus dem toten Körper
und steckte ihn in seinen Köcher.

Doch da fielen bereits die ersten grünen Fliegen
über die zerschnittene Klapperschlange her, angelockt
vom Geruch des Aases.

Yucca ekelte sich. „Lass die Schlange liegen", bat
sie. „Wir müssen weiter und das letzte Tageslicht aus-
nützen. Ich kenne einen guten Schlafplatz."

Das Pferd bewegte sich aber erst weiter, als Kleiner
Fuß den Schlangenleib mit dem Ast ins Unterholz ge-
schleudert hatte. Es ging bergab, da konnten sie beide
aufsitzen. Das Pferd war stark genug. Kleiner Fuß
hatte sich das Wolfsfell wie einen Mantel umgehängt,
wie eine Kapuze baumelte der Schädel des Wolfes auf
seinem Rücken. Der Wind war eingeschlafen.

Die fremden Jäger

Sie kamen an den Wasserfall mit dem kleinen See. In der Windstille klang das Plätschern überlaut. Schwarz ruhte das Wasser jetzt, in dem die jungen Bären geplantscht hatten.

„Wir müssen vorsichtig sein", sagte Yucca. „Hier habe ich eine Bärin gesehen, die hatte zwei Junge dabei. Das war schön. Die Bärenkinder haben gespielt und die Bärin hat gelacht."

„Gelacht!" Kleiner Fuß glitt vom Pferderücken. „Was für einen Unsinn du redest, Büffelmädchen. Bären lachen nicht, sie sind unberechenbar und grauenhaft schnell, so plump sie auch aussehen. Da darf man sich nicht täuschen lassen. Und wenn sie schon mal einen Menschen gerissen haben, dann sind sie besonders blutrünstig, dann töten sie nicht nur, weil sie hungrig sind, dann werden sie zu Menschenfressern. Das wissen alle Jäger."

„Aber ich habe doch gesehen, dass die Bärin gelacht hat", beharrte Yucca. „Die Jäger übertreiben doch immer."

Fast zornig widersprach Kleiner Fuß. „Was weißt du schon von den Bären! Wie der Blitz schlagen sie die Zähne in ihre Beute, zerfetzen sie mit Prankenhieben, wirbeln sie durch die Luft. Bären haben ungeheure Kräfte."

„Das weiß ich doch", sagte Yucca. „Aber trotzdem …"

Kleiner Fuß hörte nicht mehr zu. Aufmerksam

suchte er den weichen Waldboden nach frischen Spuren ab, sog tief die Luft in die Nase, um die Gerüche zu prüfen. „Keine neuen Abdrücke von den Bärentatzen", erklärte er. „Die ist weitergezogen mit ihren Jungen, die Bärin. Das Pferd würde es riechen, wenn Bären in der Nähe wären. Keine Gefahr, Büffelmädchen!"

Sie ließen die Stute saufen und schlürften selber Wasser aus der hohlen Hand. Yucca drängte zur Eile. Gefahr oder nicht: Was der Bruder über die Gefährlichkeit der Bären gesagt hatte, rief ein Bild wieder in ihre Erinnerung, das sie damals so schlimm erschreckt hatte. Da waren die Männer von der Bärenjagd heimgekehrt, doch sie brachten nicht nur den erlegten Braunbären mit, sondern auch den zur Unkenntlichkeit verstümmelten Leichnam des jungen Kriegers Rote Wolke. Er war der Schönste und der Kühnste unter den Jägern gewesen.

Es war, als fiele die Dunkelheit aus den Wipfeln der hohen Bäume. Ein kalter Luftzug strich durch die Schlucht. Yucca zog die Decke fester um die Schultern. Zuweilen strauchelte das Pferd im bröckelnden Untergrund.

„Hier ist es!", rief Yucca und erschrak über ihre eigene Stimme, die in dieser Stille so laut hallte. Sie zeigte in die Aushöhlung in der Böschung. „Hier hatte ich mein Nachtlager."

Kleiner Fuß knotete die Zügel an einem Busch fest. Dann raffte er Gras und belaubte Zweige zusammen, um das Pferd zu füttern, doch die Stute zuckte zurück.

„Nun friss doch, du gutes Pferd", schmeichelte Kleiner Fuß, „das wird dir schmecken. Du brauchst doch Kraft für morgen."

Das Pferd wollte nicht fressen.

Yucca hatte trockene Ästchen vom Stamm einer Föhre gebrochen und allerlei mürbes Fallholz ertastet. Ein kleines Feuer wäre gut für die Nacht und würde gewiss die Waschbären fernhalten. Doch es war wie verhext. Als sie in Hast und großer Not gewesen war, hatte sie das Zundermoos schnell zum Glühen gebracht, doch jetzt, wo sie nicht in Eile war, wollte und wollte der Feuerbohrer kein Glimmen erzeugen. Auch Kleiner Fuß versuchte es vergeblich. Er drehte den Bohrstab, bis ihm die Arme schmerzten.

„Uff, es geht nicht!", stöhnte er.

„Es muss uns gelingen!" Yucca war an der Reihe, den Bohrquirl zu drehen. Beschwörend ihre Gedanken: Lass endlich Funken sprühen! Fang an zu glühen! Wir brauchen ein Feuer für die Nacht.

Dann endlich, als Kleiner Fuß einen letzten Versuch machte, stieg ein dünner Rauchfaden auf. Im fahlen Licht des Mondes, das den Rand einer Wolkenbank errötete, war er kaum zu erkennen. Kleiner Fuß blies behutsam, als erste Feuerpünktchen im Moos glommen. Yucca schob trockene Gräser nach, als das Flämmchen aufsprang. Dann dauerte es nicht mehr lange, bis das Feuer knisterte.

Yucca klatschte in die Hände.

Sie teilten sich den Rest vom Pemmikan und kauten Maiskörner. Erste Sterne schickten ihr Licht durch die Baumkronen, doch es war nur ein blasses Schimmern, kein strahlendes Gefunkel. Kleiner Fuß deckte sich mit dem Wolfsfell zu.

Yucca zerbrach einen Ast und legte die Holzstücke ins Feuer. Seltsame Schatten tanzten. Yucca hüllte sich in ihre Decke und lauschte den Geräuschen der Nacht. Vogelstimmen weit in der Ferne, kreischend, dann plötzlich verstummend. Im Gras raschelten kleine Tiere, die die nächtliche Jagd begannen. Das Pferd atmete unruhig. Ein geheimnisvoller Ton schien die Tiefe des dunklen Waldes zu erfüllen. Stöhnten die Baumgeister? Yucca konnte auch hören, wie ihr Bruder sich die verletzte Haut rieb.

„Kannst du nicht einschlafen?", fragte Yucca.

„Ich habe so viele Gedanken im Kopf", antwortete Kleiner Fuß leise. „Ist es wirklich gut, dass ich mit dir heimkehre ins Dorf? Was wird Biberzahn sagen?"

„Quäl dich nicht mit solchen Gedanken. Glaube mir, es ist gut, dass du heimkehrst. Du bist doch mein lieber Bruder." Und hastig, weil sie sich für diese Worte ein wenig schämte, sagte Yucca sehr laut: „Es ist doch dein gutes Recht!"

„Ich weiß nicht", murmelte Kleiner Fuß.

„Versuch jetzt einzuschlafen. Wir haben noch einen weiten Weg vor uns. Und kratz nicht an den Wunden, hörst du?"

Kleiner Fuß gab keine Antwort. In der Glut knackte und zischte es. Yucca legte ihr Messer griffbereit neben sich, dann zog sie sich die Decke über das Gesicht.

Nein, das war kein Vogelgezwitscher, das waren
Flüsterstimmen. Yucca fuhr jäh auf aus bleiernem
Schlaf. Schwarz standen die vier Gestalten in den
grellen Strahlen der Morgensonne, die in die Klamm
drangen. Yucca rieb sich die Augen und wollte zuerst
nicht glauben, was sie sah. Sie schrie nicht. Ihre Lippen waren wie vom Frost erstarrt.

Das Bild wurde schärfer. Die Verwirrung im Kopf löste sich. Yucca erkannte, dass die fremden Indianer die Bogen gespannt hatten. Yucca sah Verwunderung und feindselige Gier in ihren Blicken. Ohne Zweifel gehörten diese vier Männer zu der Jägerschar, die ins Gebiet der Schoschonen eingedrungen war. Nez Perces aus dem Westen? Wenn sie zu den Flachkopfindianern gehörten, so sah man es ihnen nicht an. Keine niedergedrückte Stirn, nichts, was ihre Gesichter von denen der Schoschonen unterschied, und doch empfand Yucca eine bedrohliche Fremdheit, die von den Männern ausging. Schmerzhaft klar war der Gedanke: Wir sind in großer Gefahr!

Kleiner Fuß stand gebückt und mit gezücktem Messer vor den Fremden. Die Schwester schützend, zum Angriff bereit oder einfach nur hilflos?

Einer schrie barsch etwas in einer Sprache, die Yucca nicht verstand. Wahrscheinlich war es eine Frage. Mit einer Bewegung der Pfeilspitze forderte er Yucca auf, sich vom Nachtlager zu erheben. Als Yucca nach ihrem Messer griff, lachten die Männer laut.

„Wir sind Schoschonen!", rief Kleiner Fuß. Seine Stimme zitterte kaum. „Ihr habt das Jagdgebiet unseres Volkes betreten. Unsere Krieger werden euch ...“

Kleiner Fuß konnte nicht weiterreden. Mit einem kehligen Schrei und einer herrischen Geste schnitt ihm der Sprecher das Wort ab. Er ließ den Bogen sinken und fuchtelte mit der Hand herum. Seine Fragen konnte Yucca nur erahnen: Wo kommt ihr her? Was tut ihr hier? Wohin wollt ihr?

Kleiner Fuß hielt das Wolfsfell hoch. „Wir kommen von der Jagd, wir wollen heim in unser Dorf. Lasst uns in Frieden, wir haben euch nichts getan."

Das Wolfsfell! Die fremden Männer hatten die Worte gewiss nicht verstanden, aber der mächtige Wolfsschädel und das enorme Fell ließen sie vor Erstaunen und Bewunderung schnalzen. Sie steckten die Köpfe zusammen und tuschelten. Dann stand blanke Raffgier in ihren Augen. Was für eine Jagdbeute! Das Fell eines Riesenwolfes, ein gutes Pferd – und ein schönes Mädchen.

Yucca starrte zu Boden. Wir sind verloren!, hämmerte es in ihrem Gehirn. Es ist aus, wir sind verloren! Das ist das Ende unseres Weges. Bitterer Magensaft stieg ihr in den Mund. An Flucht dachte sie nicht. Die Hilflosigkeit hatte ihr alle Kraft genommen. Sie fühlte es nur undeutlich, dass Kleiner Fuß ihre Hand erfasste. All ihre Hoffnung war wie weggeblasen vom Wind.

Die Weise Frau ist zornig. *Büffelmädchen, hast du deinen Stolz verloren? Schau den fremden Männern ins Gesicht und lass dich nicht fallen! Denk an deinen Bruder und zeig ihm, dass du stark bist! Er braucht doch deine Hilfe. Nur wenn ihr aufgebt, seid ihr verloren. Vergiss dein Ziel nicht: Du willst deinen Bruder heimbringen in unser Dorf. Dein Wille! Bis hierher hat dein Wille dir geholfen, die Gefahren zu bestehen. Du darfst nicht aufhören, dir zu vertrauen. Lass die fremden Männer also deinen Stolz spüren! Hörst du mich? Hast du vergessen, dass meine Gedanken bei dir sind? Mut, Büffelmädchen,*

Mut! Oder habe ich mich in dir getäuscht? Die Weise
Frau bläst Pfeifenrauch.

Wie aus einer Ohnmacht schreckte Yucca auf und
nahm erst jetzt mit großer Klarheit wahr, dass da vier
Männer eines fremden Stammes sie und ihren Bru-
der aus dem Schlaf gerissen hatten und nun mit ihren
Waffen bedrohten. Hatte die Weise Frau ihr klare
Gedanken geschickt? Yucca hob den Kopf und schau-
te die Männer beinahe neugierig an. Sie hatten weiße
Farbstriche auf den Wangen. Das Haar war mit Fett
zu steilen Kämmen geformt, vor den Ohren war es zu
Zöpfen geflochten. Ihre Stirnbänder waren aus rotem
Tuch, keiner trug einen Federschmuck.

Laute Rufe hin und her. Einer raffte den Wolfspelz
an sich, einer nahm Yuccas Felldecke und den Lederbeutel, einer band das Pferd los. Mit Reisig wischte
der Sprecher die Asche des Feuers und die verkohl-
ten Holzstücke auseinander und gab das Zeichen zum
Aufbruch.

Wir sind also ihre Gefangenen, dachte Yucca fast
ohne Angst.

„Wohin bringt ihr uns?", fragte Kleiner Fuß.

Er erhielt keine Antwort. Die Männer trieben zur
Eile an. Es ging hinein in den tiefen Wald. Zweige
knackten, Dornranken kratzten, Häher kreischten.
Doch als die Männer merkten, dass Kleiner Fuß hink-
te, verlangsamten sie die Schritte.

Das wunderte Yucca.

Der dünne Eulenmann

Sie hatten ihren Gefangenen nicht die Hände gefesselt. Anscheinend waren sie sich gewiss, dass sie ihnen nicht entfliehen konnten. Mit erstaunlicher Sicherheit fanden die Männer den Weg durch das dichte Waldgewirr, obwohl sie doch fremd waren in den Jagdgefilden der Schoschonen. Eindringlinge, Wilderer, Frevler, Diebe. Das Gelände war hügelig. Durch das Dickicht aus Baumstämmen, Unterholz und Farn konnten sie nur hintereinandergehen. Zuweilen mussten die Jäger mit Messerhieben den Weg durch das Buschwerk bahnen. Sie hatten Kleiner Fuß und Yucca in die Mitte genommen. Der Letzte in der Reihe führte das Pferd.

Unwirklich, dachte Yucca, es ist alles so unwirklich. Sind wir jetzt tatsächlich Gefangene? Und was bedeutet das? Was werden die Männer uns antun? Der Herzschlag trommelte in ihrem Hirn. Dieses Gefühl war nicht wirklich Angst, sondern eher ein ungläubiges Staunen. Der Schreck, der Yucca beim jähen Aufwachen durchzuckt hatte, war längst verflogen. Dann und wann lichtete der Wald sich ein wenig und Morgenlicht flackerte durch das Blätterdach. Da blinkten Spinngewebe zwischen den Zweigen, der Frühreif hatte die Fäden versilbert.

Kleiner Fuß, der vor Yucca ging, stolperte oft über Baumwurzeln und Fallholz, doch er raffte sich jedes Mal schnell wieder auf und stapfte tapfer weiter. Die fremden Männer sollten nicht lachen über seine Schwäche.

„Kleiner Fuß!", rief Yucca leise. „Wie fühlst du dich?"

Doch da spürte Yucca eine Pfeilspitze im Nacken. Es war ihr also verboten, mit dem Bruder zu sprechen. Yucca wischte sich die Wuttränen aus dem Gesicht. Sie war hungrig und durstig und vor allem zornig. Dass Kleiner Fuß und sie so hilflos und ausgeliefert waren! Trotzig summte Yucca vor sich hin:

> „Medizinwolf begleitet mich.
> Medizinwolf ist mein Bruder.
> Medizinwolf fährt in mich hinein.
> Medizinwolf ist mein Helfer."

Eintönig hatte der Medizinmann diese Worte stets zu Beginn der heiligen Rituale gesungen, stampfte dazu im Takt der Trommeln, schüttelte seine Rassel und hielt das Ledersäckchen mit der Großen Medizin in die Höhe. Wieder und wieder sang er die Zeilen, die seine geheime Kraft erneuerten, bis er endlich erschöpft zusammenbrach.

Yucca zuckte zusammen, als dicht über ihrem Kopf eine Maus aus der Weinranke sprang, die sich um einen Ahornstamm geschlungen hatte. Wind war aufgekommen und heulte in den Baumkronen. Welke Blätter taumelten wie große Schneeflocken zur Erde.

Plötzlich tat sich ein Waldtal mit einer felsigen Wiese auf. Blumen, fast schon vergilbt, zeigten ihr letztes Leuchten. Irgendwo gluckerte Wasser.

Der Mann, der das Pferd führte, stieß einen Ruf

Ritual
Brauch, Kult

aus, der klang wie der Schrei eines Hähers. Aus der Tal-
sohle kam die Antwort. Die vier Kundschafter trieben
ihre Gefangenen nun unter schmatzenden Schnalzlau-
ten vor sich her. Sie hatten auch wieder die Bogen gespannt. Der Sprecher schwang sich auf den Rücken des
Pferdes und streckte sich stolz. Yucca wusste: Sie wollten Eindruck machen bei den anderen Jägern unten im
Tal. Kleiner Fuß schaute trotzig vor sich hin. Sein Gesicht war wie versteinert.

Das Lager war gut versteckt hinter einem grünen
Wall aus Ginsterstauden und Dornbüschen. Yucca
sah viele Männer und viele Pferde. Mehrere Feuer
kokelten. Offenbar waren die Fremden dabei, ihr
Lager abzubrechen. Einige der leichten Tipis aus dünnen Holzstangen und Hirschhäuten lagen bereits am
Boden. Speere waren ins Gras gerammt. Neben großen
Jagdbogen lagen die runden Schilde, in deren Leder-
bespannung die Umrisse einer Schildkröte gebrannt
waren. Das Totemtier der Fremden?

„Wenn sie mir mein Messer nicht weggenommen
hätten", zischte Kleiner Fuß, „dann würde ich jetzt
gegen sie kämpfen."

„Rede keinen Unsinn", erwiderte Yucca. „Sie würden dich töten und …" Sie sprach nicht weiter, weil
sie wieder die Pfeilspitze im Nacken spürte. Brennend
wünschte sie: Weise Frau, schick mir deine Gedanken,
hilf uns, mach, dass wir mutig sind!

Die fremden Männer mussten ungemein geschick-
te Jäger sein, denn in der kurzen Zeit ihrer Wilderei
im Gebiet der Schoschonen hatten sie eine Menge

Tiere erlegt. Hirsche, Rehe, Waschbären und Hasen vor allem, auch Flugenten, Tauben und Krähen. Und sie mussten Meister im Abbalgen sein, denn die zwischen den Büschen aufgespannten Häute und Felle wiesen kaum Fleischreste und Blutflecke auf. Wie ungekonnt wir dem Riesenwolf den Pelz abgezogen haben!, dachte Yucca. Eine Metzelei war das. Dann erblickte Yucca neben einem Fuchsfell drei Bärenpelze. Einer war groß, die beiden anderen waren klein. Die Schädel hingen zur Erde. Die lachende Bärin und ihre munteren Kinder: ausgelöscht auch ihr Leben. Yucca wandte den Blick ab.

Jetzt kamen von allen Seiten die Männer gelaufen. Uff! Verwunderung, Staunen, Neugier. Die Kundschafter haben Gefangene gemacht. Wen bringen sie da ins Lager? Hände grapschten nach Kleiner Fuß und Yucca. Die gierigen Blicke ließen Yucca erschaudern. Ha, ein schönes Mädchen, das bald schon eine Frau sein wird! Das ist eine ganz besondere Jagdbeute.

Sie werden uns verschleppen, sie werden uns zu ihrem Stamm entführen! Yucca fühlte, wie ihr kalt wurde im Kopf. Sie wollte nach der Hand ihres Bruders tasten, doch da wurde sie von rauen Fäusten vorwärts gerissen. Das Gejohle machte sie fast taub.

Nur nicht weinen! Zeig deinen Stolz! – Waren das die Gedanken der Weisen Frau? Yucca biss die Zähne zusammen, als sie mit dem Rücken gegen einen Birkenstamm gepresst wurde. Die Männer bogen ihr die Arme nach hinten und banden sie mit Riemen fest. Kleiner Fuß wehrte sich verzweifelt, doch das war

sinnlos. Zwei Männer schleppten ihn wie ein zappeln-
des Kind und fesselten ihn an einen anderen Baum.
Die Kundschafter rollten das Wolfsfell vor den Gefangenen aus und legten Yuccas Ledersack, den Bogen
und den Köcher und die zwei Messer dazu. Jemand
führte das Pferd zu den anderen Pferden.

Aber dann die Rufe der Verblüffung. Solch ein
enormes Wolfsfell, solch einen Wolfskopf mit derart
gewaltigen Zähnen hatte wohl noch keiner von ihnen
gesehen. Hat etwa dieser Junge, der doch noch längst
kein Krieger ist, den Wolf zur Strecke gebracht? Un-
glaublich! Die staunenden Jäger hatten einen Halbkreis gebildet und schwatzten durcheinander.

Aber da war einer, der hatte nur Augen für das Mädchen. Langsam kam er näher. Yucca ekelte sich vor seinem grausamen Grinsen. Doch sie schaute nicht weg,
sie versuchte sogar, spöttisch zu lächeln, während sich
ihr Magen zusammenzog. Der Mann war noch ziem-
lich jung. Er spreizte die Finger und streckte sie Yucca
entgegen.

Kleiner Fuß schrie: „Lass die Hände von meiner
Schwester, du feige Kröte! Mach mir die Fesseln los,
dann kämpfe ich gegen dich. Ich reiße dir deine Zöpfe
vom Kopf, du stinkende Ratte!"

Die anderen Männer hatten ihren Spaß. Wie schön,
dass der Junge so wütend brüllte. Sie lachten johlend.

Das Gelächter stachelte den jungen Jäger an. Er
blies Yucca seinen Atem in die Nase und griff ihr ins
Haar. Da trat Yucca blitzschnell mit dem Fuß aus und
traf sein Knie. Dann spuckte sie ihm ins Gesicht.

Der Mann verzog das Gesicht zur Fratze. Er war
außer sich vor Wut und holte zum Schlag aus.

„Nein!" Kleiner Fuß versuchte verzweifelt, sich los-
zureißen.

Doch da verstummten plötzlich Gelächter und Ge-
schwätz. Ein hochgewachsener Mann stieß die Schar
der Umstehenden zur Seite, fasste den zudringlichen
Jäger beim Schopf und schleuderte ihn zu Boden.
Yucca hatte noch nie einen so langen und so dünnen
Menschen gesehen. Die mit bunten Fäden verzierte
Lederweste des Mannes stand offen, so konnte Yucca
deutlich die Rippenbögen erkennen, die sich unter der
Haut abzeichneten. Die nackten Arme waren sehnig,
doch sie schienen keine Muskeln zu haben. War der
Mann alt oder jung? Jedenfalls war er eindeutig der
Anführer. Als Einziger trug er einen Kopfschmuck. Am
Hinterkopf war ein Kranz aus Eulenfedern befestigt,
den Hals zierte eine Kette aus kleinen Tierknochen.
Schwarze Kreise waren um die Augen gemalt, die Nase
war gekrümmt wie ein Eulenschnabel.

„Schoschonen?", fragte er mit merkwürdig tiefer
Stimme.

„Ja, wir sind Schoschonen", antwortete Kleiner
Fuß. „Wir gehören zum Volk der Schlangenindianer.
Ihr seid in unser Gebiet eingedrungen …"

Der Eulenmann schnitt Kleiner Fuß mit einer un-
wirschen Handbewegung das Wort ab. Offenbar verstand er verschiedene Wörter der Schoschonenspra-
che. Sein Stamm brauche noch Nahrung für den Winter, gab er zu verstehen, in seinem Land gebe es nicht

genug Wild. Er zeigte auf Yucca und Kleiner Fuß.
„Warum seid ihr in diesem Wald?"

„Wir kommen aus dem Büffelland." Kleiner Fuß
streckte sich, um größer zu wirken. „Einen weißen
Büffel wollte ich schießen. Aber die Herde war schon
weitergezogen nach Süden."

Der Eulenmann nickte. Anscheinend wusste er das.
Er zeigte auf das ausgebreitete Wolfsfell. „Solch ein
Wolf! Woher habt ihr das Fell?"

Yucca sagte voll Eifer: „Mein Bruder Kleiner Fuß
ist ein kühner Jäger. Er hat einen Puma in die Flucht
geschlagen und mit einem einzigen Pfeilschuss hat
er eine Klapperschlange erlegt." Sie deutete mit dem
Kopf auf ihren Lederbeutel. „Schau nach, dort ist die
Knochenklapper." Und fast triumphierend: „Und mit
dem Riesenwolf hat er gekämpft. Er hatte nur sein
Messer. Aber er hat den Wolf besiegt! Trotz der Wunden an seinem Körper."

Der Eulenmann hatte Yuccas Worte verstanden. Er
zog die zerrissenen Hosenbeine hoch und zeigte auf
die Verletzungen an den Beinen und Armen von Kleiner Fuß. Lebhaft sprach er auf seine Leute ein. Da ging
ein bewunderndes Raunen durch die Reihen der fremden Jäger. Dieser Junge ist doch noch längst kein Mann
und schon hat er solch tapfere Taten vollbracht? Die
Männer tuschelten miteinander. Ist das zu glauben?
Yucca erkannte Hochachtung in ihren Blicken. Und
wieder dachte sie: Was werden sie nun mit uns tun?
Werden sie uns entführen, irgendwohin in den Westen zu ihrem Stamm? Wieder überkam sie die Angst.

Der Eulenmann hatte sich zu seinen Männern ge-
wandt. Laut und lebhaft redeten sie miteinander,
immer wieder flogen Blicke zu den Gefesselten. Yucca
verstand kein Wort von dem Stimmengewirr.

„Zeig keine Furcht, Büffelmädchen!", rief Kleiner   5
Fuß.

„Ich fürchte mich nicht", gab Yucca zurück, doch
das war gelogen, die Angst schnürte ihr fast die Kehle
zu.

Yucca ließ, um sich abzulenken, den Blick schwei-   10
fen. Die fremden Jäger hatten keine Hunde dabei, die
mit Schleppgestellen die Fleischvorräte befördern sollten, aber da waren viele Packpferde für die Lasten. Das
erjagte Wildbret war zerlegt, Fleischbrocken lagen auf
Holzrosten über den Feuern. Anscheinend wurden sie   15
vorgeräuchert, damit sie haltbar blieben auf dem langen Heimweg und vor Mücken und Fliegen geschützt
waren. Und Yucca erkannte auch, dass der Aufbruch
der Fremden bevorstand. Bestimmt waren sie in Sorge,
von Schoschonenspähern entdeckt zu werden.   20

Die Beratung war beendet. Bang schaute Yucca
dem Eulenmann entgegen, doch dann straffte sich ihr
Gesicht. Sie glaubte die Stimme der Weisen Frau zu
hören: Zeig deinen Stolz, Büffelmädchen!

Der Eulenmann fragte: „Zu eurem Dorf – wie weit   25
ist es zu eurem Dorf?"

„Einen Tagesritt ist es weit", sagte Kleiner Fuß,
„einen Tagesritt und etwas mehr."

„Könnt ihr noch vor der Nacht euren Stamm erreichen?"   30

Yucca schüttelte den Kopf. „Erst morgen. Es ist ja schon Mittag." Ein jähes Gefühl von Hoffnung durchströmte sie. Warum will der dünne Eulenmann das wissen? Klar, die fremden Jäger brauchen genug Vorsprung. Wenn wir im Dorf erst morgen von den Wilderern berichten, sind die längst verschwunden. Zu spät für die Schoschonen, um die Eindringlinge zu verfolgen. – Sie werden uns nicht verschleppen!, dachte Yucca. Undeutlich begriff Yucca, dass Kleiner Fuß und sie das dem Eulenmann zu verdanken hatten.

Der Eulenmann zückte sein Messer und durchschnitt die Fesseln. „Ihr seid frei. Nehmt eure Sachen. Auch euer Pferd." Er wies mit seinen dünnen Armen zu einer Baumgruppe auf der Hügelkuppe. „Das ist die Richtung zur großen Steppe. Und jetzt geht!"

Ein Mann brachte das Pferd. Yucca und Kleiner Fuß rafften alles zusammen: das Wolfsfell, die Ledertasche, die Pferdedecke, die Waffen. Kleiner Fuß griff nach den Zügeln.

Er flüsterte: „Langsam, Büffelmädchen, ganz langsam. Wir Schoschonen haben unsere Würde, wir laufen nicht davon."

Yucca dachte: Jetzt redet er wirklich wie ein Krieger.

Es fiel ihr schwer, langsam zu gehen, denn am liebsten wäre sie gerannt. Die Männer bildeten eine Gasse. Yucca spürte ihre Blicke auf der Haut brennen. Sie ließ es sich aber nicht anmerken.

Bevor sie in den Wald eintauchten, schauten sich Yucca und Kleiner Fuß noch einmal um. Sie sahen, dass die fremden Indianer dabei waren, die Packpferde zu beladen.

Kleiner Fuß brummte: „Sie hätten uns ein Stückchen von ihrem gestohlenen Fleisch mitgeben können. Ich habe Hunger."

„Sie hätten uns aber auch verschleppen können", gab Yucca zu bedenken. Sie dachte an den dünnen Eulenmann.

Als sie endlich das Ende des großen Waldes erreicht hatten, setzte die Abenddämmerung bereits ein. Sie waren müde, auch das Pferd war müde. Darum beschlossen sie, die Nacht im Schutz der Bäume zu verbringen. In der offenen Steppe, die nun vor ihnen lag, würden sie ohnehin keinen sicheren Schlafplatz finden. Aus einem kleinen Tümpel schöpften sie Wasser. Es schmeckte faulig, sie tranken es trotzdem. Kleiner Fuß kühlte seine Wunden. Das Pferd graste gierig. Yucca pflückte Beeren. Von einem Baumstumpf brach sie flache Pilze. Von Maisblüte wusste sie, dass die essbar waren. Sie machten kein Feuer. Die Mondsichel schien in den Wolkenschleiern wie in einem Netz zu hängen. Draußen in der Steppe war das lachende Gebell der Kojoten zu hören. Kleiner Fuß schlief schon bald ein. Yucca lag noch lange wach. Sie lauschte den Geschichten, die der Nachtwind erzählte.

Die Heimkehr

Nebel. Yucca blinzelte in das graue Licht. Die Stimme des Bruders hatte sie geweckt. Kleiner Fuß redete auf das Pferd ein, das sich nur zögernd aus dem Gras erhob. Es war, als ob auch der Tag nicht beginnen wollte. Kein Vogelgezwitscher, kein Wispern in den Baumkronen, kein Laut aus der Prärie. Yucca kam nur mühsam auf die Beine, das Schlucken fiel ihr schwer, sie war noch müde. Fröstelnd lief sie zum Tümpel und wusch sich den Schlaf aus dem Gesicht. Die Beeren erfrischten sie kaum. Kleiner Fuß wirkte gereizt. Wahrscheinlich quälte ihn wieder die Frage, ob es richtig war, zurückzukehren.

„Was wird Biberzahn sagen?"

„Er wird froh sein, dass du wieder nach Hause kommst", antwortete Yucca. „Sein Befehl war eine Dummheit, das wird er längst begriffen haben. In der Wut spricht man manchmal Unsinn und bereut es später. Das Fell eines weißen Büffels – pah!"

„Wenn du nur recht hättest, Büffelmädchen!"

„Du kommst doch mit bedeutender Beute heim, Kleiner Fuß. Alle werden staunen. Und deine Wunden beweisen deine tapferen Taten. Du hast mit den Wölfen gekämpft."

„Aber den großen Wolf, den habe doch ich nicht erlegt!"

„Das ist unser Geheimnis. Komm, lass uns aufbrechen. Wir müssen vor der Nacht unser Dorf erreichen. Maisblüte wird sich um mich Sorgen machen." Kaum

hatte Yucca das gesagt, da dachte sie: Und wer macht
sich Sorgen um Kleiner Fuß?

Die Stute trottete sofort los, als sie Yucca und Kleiner Fuß auf ihrem Rücken spürte. Der Nebel glitt
wie ein Vorhang zur Seite. Das spärliche Steppengras
knisterte unter den Hufen. Lange Zeit schwiegen die
beiden Reiter. Der Pfeil im Köcher des Bruders wippte
vor Yuccas Augen.

Dann fragte Yucca: „Woran denkst du?"

Kleiner Fuß machte eine wegwerfende Handbewegung, als wollte er sagen: Woran soll ich denn schon
denken! Aber nach einer Weile antwortete er doch.
„Ich denke an meine Mutter."

„Die kennst du doch gar nicht!"

„Warum soll ich sie nicht kennen?"

„Weil sie bei deiner Geburt gestorben ist."

„Ich kenne sie trotzdem", beharrte Kleiner Fuß.
„Sie kommt in meinen Träumen zu mir – wieder und
wieder. Dann sehe ich ihr Gesicht ganz deutlich vor
mir, es ist ein sehr schönes Gesicht. Wenn sie lächelt,
lächeln auch ihre Augen. Sie tröstet mich, wenn ich
traurig bin, sie streicht mir mit leichten Händen über
die Stirn, dann vergesse ich allen Kummer und werde
ganz ruhig. Ich liebe meine schöne Mutter, denn
sie …" Kleiner Fuß brach ab, sagte dann schroff: „Vergiss es, Büffelmädchen, vergiss, was ich geredet habe!
Vor allem darfst du niemandem davon erzählen. Was
sind schon Träume!" Er lachte bitter.

„Ich erzähle es niemandem. Auch das ist unser Geheimnis."

Allmählich löste sich der Nebel auf. Im fahlen Sonnenlicht strichen die Schatten der Wolken über die
Ebene. Yucca erkannte Einzelheiten wieder. Sie waren
auf dem richtigen Weg. Als sie bei den kleinen Erdhü-
geln angekommen waren, glitt Yucca vom Pferd und
eilte voraus, damit sie den Bruder vor den Schlupflö-
chern der Präriehunde warnen konnte. Keiner der großen Nager war zu sehen, von nirgendwoher ertönte
ein Warnpfiff. Da war nur ein sandfarbener Ziesel mit   *Ziesel*
Streifen im Fell, der guckte Yucca verwundert an, ließ   *Erdhörnchen*
die kleinen Ohren spielen und blähte die Backen auf.
Dann fiepte er leise und huschte davon ins Gewirr der
Grasbüschel. Yucca stieg wieder zu ihrem Bruder auf
den Pferderücken. Sie genoss die Wärme, die von der
Stute ausging.

Zeit verging. Das Licht wanderte. Kleine Staubteufel tanzten. Jetzt empfand Yucca die Leere der Ebene
wie eine Beruhigung. Ihr Bruder war ja bei ihr. Der
wiegende Schritt der Stute machte sie schläfrig.

Plötzlich stieß Kleiner Fuß einen Schrei aus und
zeigte nach vorn in den Dunst. Zwei dunkle Punkte bewegten sich, kamen näher, wurden größer und größer.
Reiter! Zwei Reiter im Galopp, die schon aus der Ferne
riefen und winkten. Dann erkannte Yucca die Reiter.
Es waren die Brüder Sonnenkalb und Hört-im-Wind.
Sie besaßen die schnellsten Pferde des Stammes, die
besonders zur Büffeljagd ausgebildet waren. Sie zü-
gelten die Tiere und lachten.

„Kleiner Fuß und Büffelmädchen! Wie gut, dass wir
euch gefunden haben!" Sonnenkalb hob die Hand zum

Gruß. „Der Häuptling hat uns ausgeschickt, damit wir euch suchen und heimbringen."

„Wir sind bereits auf dem Heimweg", sagte Kleiner Fuß verschämt. „Wir waren im Büffelland, aber die letzte Herde war schon nach Süden gezogen. Wie sollte ich da einen weißen Büffel finden!"

Hört-im-Wind machte eine Handbewegung, als wollte er die Worte wegwischen. „Es ist nur wichtig, dass ihr am Leben seid. Man hat sich Sorgen um euch gemacht im Dorf."

„Auch Biberzahn?", fragte Yucca. „Hat er sich auch Sorgen gemacht?"

„Ja, auch Biberzahn", antwortete Sonnenkalb. „Er hat den Zorn des Häuptlings zu spüren gekriegt. Biberzahn hatte kein Recht, Kleiner Fuß aus dem Dorf zu verweisen."

Hört-im-Wind lenkte sein Pferd näher an Yucca und Kleiner Fuß heran. „Wir waren mit den anderen Jägern im Sommer zweimal auf der Büffeljagd. Große Herden haben wir gesehen und reiche Beute gemacht. Aber einen weißen Büffel hat niemand von uns erspäht. Deine Suche wäre sowieso vergebens gewesen, Kleiner Fuß." Er zeigte auf Yucca. „Maisblüte hat um dich geweint."

„Ich musste doch meinen Bruder suchen." Yucca senkte verlegen den Blick. Sie war nicht das einzige Mädchen im Dorf, das dem hübschen jungen Krieger heimlich nachschaute, obwohl er sich doch längst für eine Frau entschieden hatte.

Aufgeregt winkte Hört-im-Wind seinen Bruder

heran, denn erst jetzt sah er den gewaltigen Wolfsschädel und die dicke Fellrolle. „Was für ein Tier! Wer
hat jemals solch einen Wolf gesehen?"

Sonnenkalb flüsterte staunend: „Das ist der Kopf
vom größten aller Wölfe, der Riesenwolf, von dem an
den Lagerfeuern gemunkelt wird. Woher habt ihr …"

Yucca schrie es fast hinaus, die Angst und die An-
strengungen und die Fröste der vergangenen Tage
schwangen in ihrer Stimme: „Mein Bruder hat den Riesenwolf erlegt! Nur mit seinem Messer! Kleiner Fuß
hat mit den Wölfen gekämpft und den Anführer des
Rudels hat er erstochen. Schaut euch nur die Verletzungen an seinen Beinen und seinen Armen an! Es war
ein furchtbarer Kampf, aber Kleiner Fuß war der Sieger. Und er hat noch andere tapfere Taten vollbracht.
Den Puma in den Felsen hat er verjagt und die Klapperschlange, die uns in der Schlucht den Weg versperrte,
hat er mit einem einzigen Schuss getötet." Sie zeigte
auf den Pfeil im Köcher und klopfte auf ihre Ledertasche. „Hier habe ich die Schwanzrassel. Und vor den
fremden Jägern hat er sich auch nicht gefürchtet. Mit
großem Ruhm kehrt Kleiner Fuß ins Dorf zurück."

„Fremde Jäger?", fragte Hört-im-Wind erregt. „Ihr
habt fremde Jäger in unseren Jagdgründen gesehen?"

Kleiner Fuß schaute zu den Wolken hinauf. „Sie
hatten uns gefangen, aber sie ließen uns wieder frei.
Wir haben keine Furcht gezeigt. Büffelmädchen hat
einem von ihnen ins Gesicht gespuckt."

„Flachkopfmänner?", wollte Hört-im-Wind wissen.

Kleiner Fuß breitete die Arme aus. „Ihre Köpfe sind

nicht verformt. Die Schildkröte ist ihr Totemtier. Sie
sprechen eine andere Sprache, wir konnten sie nicht verstehen. Doch ihr Anführer kennt Schoschonenwörter."

Sonnenkalb ballte die Fäuste. „Wir müssen schnell
ins Dorf zurück, um die Krieger zusammenzurufen.   5
Pah, die Fremdlinge werden wir niedermachen, die
Jagdbeute werden wir ihnen wegnehmen. Niemand
darf unerlaubt in unser Gebiet eindringen."

„Zu spät", sagte Yucca, „die fremden Jäger sind wieder verschwunden. Schon gestern haben sie ihr Lager   10
abgebrochen. Ich habe die Spuren ihrer Pferde gesehen, sie kamen aus dem Westen. Also sind die Männer
wieder nach Westen geritten."

„Haben sie reiche Beute gemacht?", fragte Sonnenkalb.   15

„Ja", antwortete Yucca. „Sogar eine Bärin haben
sie erlegt und ihre zwei Jungen. Sie sind wohl gute
Jäger."

Hört-im-Wind und Sonnenkalb ließen die Blicke
über die Ebene schweifen. Enttäuschung in ihren Ge-   20
sichtern. Sie wussten, dass es zwecklos war, die fremden Männer zu verfolgen.

Sonnenkalb sagte: „Wir reiten voraus und bringen
die Kunde von eurer Heimkehr. Hört-im-Wind und ich
werden auch von den mutigen Taten von Kleiner Fuß   25
berichten."

Die beiden jungen Krieger wendeten ihre Pferde
und trieben sie mit gellenden Rufen an. Pfeilschnell
preschten sie davon. Schon bald verschwanden sie in
einer Staubwolke.   30

Yucca und Kleiner Fuß ritten flussabwärts am Ufer entlang. Das Pferd war müde, trotzdem schritt es wacker aus. Enten, die im Schlamm gegründelt hatten, flogen kreischend auf. In der Ferne strich ein Reiherzug über die Kronen der Espen. Die Sonne war hinter den tief hängenden Wolken nur noch zu erahnen.

„Du bist ein gutes Pferd." Yucca tätschelte die Stute. „Und wir kennen nicht einmal deinen Namen. Bald sind wir daheim, dann kannst du dich ausruhen. Hab Dank, du gutes Pferd!" Dann erschien das Gesicht der Weisen Frau in Yuccas Gedanken. Das gütige, beruhigende Lächeln: *Ich war immer bei dir, Büffelmädchen.*

Aus dem Tor des Schutzwalles strömten die Kinder und die Frauen. Die Männer blieben im Hintergrund. Freudig wurden die Heimkehrer begrüßt. „Kleiner Fuß! Büffelmädchen!" Großes Gedränge entstand, alle wollten das Fell des Riesenwolfes sehen. Staunen, Rufe der Bewunderung, strahlende Blicke. „Kleiner Fuß hat mutige Taten vollbracht!"

Biberzahn stand in der Gruppe der Männer. Von seinem Gesicht war nichts abzulesen, doch Yucca fühlte, dass auch er sich freute und voll Stolz war auf seinen Sohn.

Maisblüte nahm Yucca in die Arme. „Warum hast du mir so viel Angst gemacht? Warum bist du heimlich fortgeritten, mein kleines Mädchen?"

Yucca hätte nun antworten können: Weil ich meinem Bruder helfen musste, denn ich liebe ihn. Außer mir liebt ihn ja keiner. Doch sie sagte nur: „Ich bin kein kleines Mädchen."

„Komm ins Haus! Du wirst hungrig sein und durstig." Maisblüte zog Yucca mit sich. „Du musst mir alles erzählen."

Kleiner Fuß war von den anderen Jungen umringt. Sie hatten das Wolfsfell ausgebreitet. Und den Pfeil wollten sie berühren, mit dem er die Klapperschlange erlegt hatte. Yucca winkte dem Bruder zu, doch das konnte der nicht sehen. Yucca wollte den Hals des Pferdes streicheln, doch die gescheckte Stute wurde bereits zur Weide geführt.

Es war der Abend des Großen Bittgesanges. Der Häuptling trug die Federkrone. Auf dem Tanzplatz loderte schon das Feuer.

Der kreisende Falke

Aus allen Häusern waren sie gekommen und drängten sich um den Tanzplatz. Sie wollten den Tänzern zuschauen und ihrem Gesang lauschen. Der Bittgesang an den Berggeist.

Yucca sah Kleiner Fuß im Kreis der älteren Jungen hocken. Jetzt wurde er bewundert, jetzt hatte er Kampfeswunden am Körper, jetzt suchten sie seine Nähe, jetzt war Kleiner Fuß kein verachteter Schwächling mehr.

Yucca dachte: Ist er denn nun ein anderer Mensch, nur weil er das Fell eines großen Wolfes ins Dorf gebracht hat? Warum haben sie vor seinem Aufbruch ins Büffelland über ihn gelacht? Ist Kleiner Fuß nicht der gleiche Junge, der er vorher war? Die ihn jetzt bestaunten, hatten ihn früher verachtet. Yucca war voll Bitterkeit und voll Trauer. Hatte sie nicht eigentlich Grund, glücklich zu sein?

Die Tänzer hatten Aufstellung genommen. Biberzahn gehörte zu ihnen. Der Medizinmann hatte sich den Kopfschmuck mit den Büffelhörnern aufgesetzt und rührte seine Rasseln. Schon polterte die große Regentrommel, Handtrommeln fielen ein.

Die Tänzer stampften im Takt des dröhnenden Gesanges.

„Ragender in den Bergen!
Ich habe ein Opfer für dich gebracht!
Ich habe ein Rauchopfer für dich bereitet!

Stelle mir meine Beine wieder her!
Stelle mir meinen Körper wieder her!
Stelle mir meinen Geist wieder her!
Stelle mir meine Stimme wieder her!
Stelle mir alles in Schönheit wieder her!
Mache alles schön, was vor mir ist!
Mache alles schön, was hinter mir ist!
Mache schönheitsvoll meine Worte!
Es ist vollendet in Schönheit!
Es ist vollendet in Schönheit!
Es ist vollendet in Schönheit!
Es ist vollendet in Schönheit!"

Die Zuschauer wiegten sich im Rhythmus des Gesanges und der Trommelschläge und summten die Melodie. Wind fuhr in den Feuerstoß und ließ Funken zum Himmel steigen. Das Flackern verzerrte die Schatten der Tänzer.

Yucca wollte den lauten Gesang nicht länger hören, sie wollte das Zucken der tanzenden Gestalten nicht länger sehen. Sie sehnte sich nach Stille. Darum schlüpfte sie durch die dicht gedrängte Menge und lief zum kleinen Lehmhaus der Weisen Frau. Scheu trat sie durch den Türtunnel ein.

Wieder stieg süßlich-würziger Duft aus der Feuerstelle auf, wieder war es Yucca, als trete sie in eine andere Welt ein, wieder hockte die alte Frau neben dem Hausaltar auf den weichen Rehfelldecken ihrer Schlafstelle und rauchte ihre Tonpfeife mit dem langen Maisstängelrohr.

„Ich habe schon auf dich gewartet, Büffelmädchen."

„Ich möchte dir danken, Weise Frau."

„Wofür willst du mir danken?"

5 „Dafür, dass du mir deine Gedanken geschickt hast und mir Kraft gabst. Nur durch deine Kraft haben wir alle Gefahren überstanden. Durch deinen Schutz ..."

„Unsinn!" Die Greisin verzog den zahnlosen Mund zu einem leichten Lächeln. „Meine Gedanken sind 10 kein Zauber. Es war deine Kraft, Büffelmädchen, nur deine. Und es war dein Wille, durchzuhalten und nicht aufzugeben. Es kann sein, dass meine Gedanken deinen Willen geweckt haben, ja, das kann sein. Du hast dein Ziel erreicht, du hast deinen Bruder gefun 15 den und nach Hause gebracht. Dein Mut, Büffelmädchen, nicht meiner. Ich habe nie an dir gezweifelt." Sie sog am Pfeifenrohr, bis der Tabak wieder aufglühte, und ließ Rauchkringel zur Decke steigen. „Wie geht es Kleiner Fuß? Schmerzen seine Verletzungen sehr? 20 Sag ihm, er soll bei Tageslicht zu mir kommen, damit ich Heilsalbe auf die Wunden streiche. Sie dürfen sich nicht entzünden."

Also kann sie doch in ihren Gedanken alles sehen! Yucca dachte: Woher weiß sie von den Bisswunden 25 und den Kratzspuren an den Beinen und den Armen meines Bruders? Sie hat ihn nicht gesehen, sie hat die Hütte nicht verlassen, aber sie weiß es. „Ich werde es ihm ausrichten, Weise Frau." Yucca legte den Lederbeutel neben die Schlafstelle. „Ich habe Feuer 30 gemacht, wie du es mir gesagt hast. Es hat die Wölfe vertrieben. Und Dank auch für dein gutes Pferd. Ich kenne nicht einmal seinen Namen."

„Es hat keinen Namen." Die Weise Frau wies mit dem Pfeifenstiel auf den Brennholzstapel. „Setz dich!" 5

All die Spannung der vergangenen Tage löste sich. „Weise Frau, ich verstehe das nicht. Alle haben Kleiner Fuß verachtet, als er bei den Wettkämpfen verlor. Aber jetzt – jetzt rühmen sie seine tapferen Taten und scheinen zu vergessen, dass er behindert ist. Warum 10 muss man erst etwas Außergewöhnliches vollbringen, damit man Ansehen erlangt und geachtet wird? Ich verstehe das wirklich nicht."

Bitterkeit war plötzlich in dem uralten Gesicht. „So sind die Menschen, so ist die ganze Natur. Das Star- 15 ke unterdrückt das Schwache. Das siehst du bei den Pflanzen, das siehst du bei den Tieren, das siehst du bei den Menschen. Immer geht es um Macht und um Gewalt. Ansehen! Was bedeutet Ansehen? Es bedeutet bloß, die anderen zu übertreffen, der Überlegene 20 zu sein. Versteh mich recht, Büffelmädchen. Wenn es um Klugheit und Verantwortung und Weitsicht ginge, dann wäre Überlegenheit ja gut. Aber meist ist es doch nur Prahlerei. Wer besitzt die meisten Pferde? Wer hat die größte Jagdbeute gemacht? Wer hat 25 die dicksten Muskeln? Wer hat im Kampf viele Gegner getötet? Wie die Büffel und die Wölfe haben sich die Menschen zusammengerottet zu Gemeinschaften. So überlebt man leichter, so kann man sich leichter gegen die Feinde verteidigen, so kann man leichter Nahrung 30 beschaffen, so kann man sich leichter vermehren. Doch dann müsste Frieden herrschen in der Gemeinschaft und Gleichheit. Wie ist die Wirklichkeit? Sieh dir unser Dorf an. Die Starken werden geachtet, die Schwachen werden ausgelacht. – Ach, Büffelmädchen, lass uns schweigen! Warum rede ich so viel? Alte Frauen sind schwatzhaft."

Aber Yucca wollte nicht schweigen. „Was für die Pflanzen und die Tiere gilt, das muss doch nicht für die Menschen gelten. Hat Manitu uns nicht die Vernunft geschenkt? Warum soll ich mich aufplustern wie ein Truthahn? Warum darf ich nicht schwach sein und klein? Sieger im Wettkampf – was ist das schon! Warum darf nicht jeder so sein, wie er ist, und wird trotzdem geachtet? Wenn Kleiner Fuß nicht das Wolfsfell mitgebracht hätte, würde er noch immer verspottet, Biberzahn würde sich seiner noch immer schämen. – Sind meine Fragen dumm, Weise Frau?"

„Es sind gute Fragen, Büffelmädchen. Denk darüber nach, vielleicht findest du die Antworten. Ich weiß sie nicht. Jetzt musst du schlafen."

„Darf ich in dieser Nacht in deinem Haus schlafen?"

„Ich habe den Schlafplatz für dich schon bereitet."

Yucca zögerte, dann blickte sie der alten Frau in die Augen. „Ich muss dir etwas gestehen, Weise Frau."

Fast barsch war die Antwort. „Nein, das musst du nicht. Es ist ein Geheimnis zwischen dir und Kleiner Fuß. Geheimnisse darfst du niemals verraten, auch mir nicht. Hattet ihr euch nicht versprochen, über das zu schweigen, was bei den Wölfen wirklich geschehen ist?"

„Woher weißt du, was geschehen ist?", fragte Yucca erschrocken. „Kannst du meine Gedanken lesen?" Und Yucca wusste jetzt, dass die Weise Frau die ganze Zeit bei ihr gewesen war.

Tabakrauch verhüllte das Gesicht, das gefurcht war wie ausgebleichtes Leder. „Leg dich nieder, Büffelmädchen, und ruh dich endlich aus. Du bist doch so müde."

Ja, Yucca war unendlich müde. Sie ließ sich auf das weiche Lager sinken und schloss die Augen. Das Dröhnen der Trommeln und den Kräuterduft des kleinen Feuers nahm sie mit in den Schlaf.

Wieder kreiste der Falke.

Wieder kniete Yucca im dürren Gras und zerrieb Salbeiblätter zwischen den Handflächen. Der Morgenwind schmeckte nach Regen. Tief hängende Wolkenbänke, grau wie der Uferschlamm vom Fluss, verhüllten die fernen Berge. Auf dem Tanzplatz unten im Dorf qualmte noch das Feuer. Kinder stocherten mit Stöcken in der Asche. Wie immer balgten sich die Hunde. Auf flachen Steinen schnitten Frauen mit scharfen Feuersteinklingen Lederstücke für die Kleidung zurecht. Reiter trieben eine Pferdeherde zur Tränke am Fluss. Winzig die Kinder, winzig die Hunde, winzig die Frauen, winzig die Reiter und die Pferde. Von Yuccas Lieblingsplatz auf dem Hügel aus sah das ganze Dorf winzig aus.

Mein Dorf, dachte Yucca, hier bin ich zu Hause, aber fühle ich mich hier wirklich zu Hause? Die kalten Windböen, die die hohen Gräser zum Pfeifen brachten, ließen schon den baldigen Winter erahnen. Im Land vor dem Gebirge kam der Winter früh. Yucca warf die Salbeiblätter in die Luft und schob die Hände in die Ärmel. Ihr war bang vor dem Eis und dem Schnee und der Kälte. Sie schaute zu dem Falken hinauf. Wenn ich fliegen könnte!, dachte sie.

Und da war auf einmal der fast sehnsüchtige Wunsch, nach Süden zu fliegen in die Wärme, in das Land, aus dem die Mutter stammte, in das unbekannte Land. Die Mutter erzählte niemals von ihrer Heimat, aber dort blühte die Yucca-Pflanze. Es muss eine schöne Pflanze sein, dachte Yucca, denn sonst hätte die Mutter mir nicht ihren Namen gegeben.

Wer würde mich vermissen, wenn ich in den Süden flöge? Yucca überlegte. Die Freundinnen aus den Kindertagen gewiss nicht, mit denen traf Yucca sich nur noch selten. Längst arbeitete sie mit den Frauen. Und Biberzahn? An ihn dachte Yucca nur kurz. Ihm waren seine Kinder gleichgültig. Wer also würde mich vermissen?

Ich muss die Frage anders stellen, dachte Yucca. Wer würde mir fehlen, wenn ich in dem fremden Land im Süden wäre? Sie wusste die Antwort. Maisblüte würde ihr fehlen und die Weise Frau – und ihr Bruder Kleiner Fuß. „Außer mir liebt ihn doch niemand", flüsterte Yucca. Da tat ihr das Herz weh.

Nein, sie würde nicht in den Süden fliegen, selbst

wenn sie noch so große Flügel hätte. Yucca schaute auf das Dorf, auf den Fluss, auf die Wolken, die die Berge verhüllten. Dort lag das Büffelland. Die starken Bilder der Erinnerung standen vor ihren Augen. War das wirklich alles geschehen oder träumte sie nur? Die Kinder rannten jubelnd durch das Tor, weil sich ein Kanu dem Ufer näherte. Yucca dachte: Warum hat die Weise Frau ihrem Pferd keinen Namen gegeben?

Der Falke zog noch immer seine Kreise.

Materialien

Kleines Indianerlexikon

Mokassins: aus einem Stück Leder gefertigte Halbschuhe der Indianer.

Nez Perces: indianischer Reiterstamm. Weil die Mitglieder ihre Nasen durchbohrten und mit Muscheln verzierten, gaben französische Siedler ihnen den Namen Nez Perces (durchbohrte Nase).

Pemmikan: getrocknetes Bisonfleisch, das mit Fett, Wurzeln und Beeren zu einem Brei zerstampft und in Lederbeuteln aufbewahrt wurde.

Prärie: große, baumlose Grasebene in Nordamerika, reicht vom Gebirge Rocky Mountains (Westen) bis zum Fluss Mississippi (Osten).

Schoschonen: Indianerstamm, der im großen Becken rund um den großen Salzsee lebte. Bei den Nachbarstämmen hieß Scho-schoni so viel wie Grashüttenbewohner.

Squaw: Indianerfrau

Tipi: kegelförmiges Stangenzelt der Prärie-Indianer. Es wurde mit gegerbter Büffelhaut umspannt.

Tomahawk: Steitaxt. Die Indianer setzten die Waffe nicht nur im Nahkampf ein, sie konnten auch zielsicher damit werfen.

Totempfahl: hoher, geschnitzter und bemalter Holzpfahl mit Darstellungen von Tieren, Geistern und Ahnen.

Der Autor Jo Pestum

Jo Pestum wurde 1936 in Essen im Ruhrgebiet geboren und erlebte als Kind die Schrecken des Zweiten Weltkrieges. Bevor er nach dem Gymnasium ein Kunststudium begann, war er Kirchenmaler und Restaurator. Während seines Studiums machte er lange Reisen durch die ganze

Welt und verdiente seinen Lebensunterhalt unter anderem als Bauarbeiter, Barkeeper, Erntehelfer, Taucher und als Lastkraftwagenfahrer. Später wurde er Chefredakteur einer Jugendzeitschrift in Düsseldorf und anschließend Lektor in einem Verlag für Kinder- und Jugendliteratur. Seit 1973 arbeitet Jo Pestum als Schriftsteller. Neben Kinder- und Jugendromanen schreibt er Krimis und Drehbücher für Film, Funk und Fernsehen.

Auf die Frage, was ihn veranlasst habe, das Buch „Büffelmädchen" zu schreiben, antwortete Jo Pestum:

„Ich bin keinesfalls so etwas wie ein Indianerexperte, aber Indianer haben in den Träumen und Vorstellungen meiner Jugend eine wichtige Rolle gespielt, denn sie verkörperten für mich die Erfüllung

der Sehnsüchte nach Unabhängigkeit, intensivem
Leben und Abenteuer. Als Kind versetzte ich mich in
der schrecklichen, entbehrungsreichen Nachkriegs-
zeit im Kohlenpott immer wieder in ein wunderbares
Indianerland mit endlosen Prärien, dunklen Wäldern
und Felsengebirgen – eine Art Märchenland – und
überstand so Hunger und Kälte im zerbombten Ruhrgebiet. Mein Jugendbuch „Die Schwarzfüße" handelt
von dieser Zeit. Weil ich weiß, dass mehr Mädchen als
Jungen Indianerbücher lesen, habe ich ein Mädchen
zur Hauptfigur gemacht. Ich wollte eine Geschichte
erzählen und ein möglichst spannendes Leseerlebnis
bieten. Was die Leserinnen und Leser im Kopf mit
meiner Geschichte machen, ist ihre Sache. Da das ‚Büffelmädchen' aber so gut bei ihnen angekommen ist,
plane ich, weitere Indianer-Bücher zu schreiben."

Kohlenpott umgangssprach- lich für Ruhr- gebiet

ARBEITSANREGUNGEN

– Schreibe alle Berufe heraus, die Jo Pestum bisher
  ausgeübt hat.
– Was fällt dir an dem Lebenslauf von Jo Pestum auf,
  was wundert dich, was beeindruckt dich?
– Warum hat der Autor ein Buch zum Thema „Indianer" geschrieben?
– Welche Fragen würdest du dem Autor gerne zu
  dem Buch „Büffelmädchen" stellen?
– Hast du Lust darauf, weitere Bücher von Jo Pestum
  zu lesen? Begründe deine Meinung.

Seit wann gibt es Indianer?

Die Wissenschaftler sind sich noch immer nicht einig, wann und woher die ersten Menschen nach Amerika kamen. Die einen sprechen aufgrund der Funde davon, dass die ersten Einwanderer vor 14 000 Jahren in Amerika eintrafen, andere von vor 30 000 Jahren. Genau weiß man es nicht.

Einig sind sich die Forscher aber darüber, dass die Menschen während einer Eiszeit von Asien über Alaska nach Amerika kamen. Damals lag die Nordhalbkugel der Erde unter einer gewaltigen Eisdecke. Da das Eis riesige Wassermassen band, sank der Meeresspiegel und es entwickelten sich Landzungen. Es entstand eine Landbrücke zwischen dem asiatischen Sibirien und dem amerikanischen Alaska. Die Behringstraße war über mehrere Tausend Jahre also eine Landfläche, die auch begangen werden konnte.

Über diese Landbrücke zogen Tierherden nach Amerika. Ihnen folgten sibirische Jäger und Sammler. Dann, gegen Ende der Eiszeit, schmolz das Eis und die Landbrücke wurde wieder überflutet. Die Einwanderer zogen weiter und spalteten sich in verschiedene Gruppen auf. Die einen blieben in einer Gegend, die nächsten zogen weiter. Die Bevölkerungszahl der Ureinwohner wuchs immer stärker an.

Manche Indianer zogen weiter nach Westen und Süden. Verschiedene Indianervölker entwickelten sich in Südamerika, bis nach Feuerland. Jedes Volk passte sich den natürlichen und klimatischen Bedingungen an, in denen es lebte, ob im arktischen Norden oder in Wüstengegenden. Und so entwickelten sich sehr viele unterschiedliche Indianerkulturen.

Als die Indianer im Westen auf das Gebirge der Rocky Mountains stießen, gingen die einen weiter nach Süden, die anderen nach Norden. So entstanden Indianerkulturen, die im heutigen Kanada und im Eis leben, und andere, die sich einem Leben in Mexiko angepasst haben.

ARBEITSANREGUNGEN

- Kann man die Frage „Seit wann gibt es Indianer?" wirklich beantworten?
- Verfolge den Weg der Indianer auf einer Landkarte. Du kannst den Weg auch aufzeichnen.
- Erkläre, warum es nicht „die Indianer", sondern verschiedene Indianervölker gibt.
- Welche Indianerstämme kennst du? Informiere dich darüber, in welcher Gegend sie sich niedergelassen haben.

Träume, Visionen und Geister

Die Indianer waren gläubige Menschen. Welchem Stamm sie auch angehörten, den Nootka im Nordwesten oder den Creek im Südosten, alle fühlten sich von geheimnisvollen Kräften umgeben. Das Knarren eines Baumstammes, das Pfeifen des Windes durch die Bäume, die am Himmel jagenden Wolken, Blitz und Donner – immer und überall spürten die Indianer die Gegenwart von Geistern und zauberischen Mächten. Es war wichtig, mit ihnen in Verbindung zu treten. Am besten gelang das im Traum.

Die im Traum auftretenden Gestalten, Tiere oder Dinge waren für die Indianer Boten der großen Zauberkräfte. Als Schutzgeister konnten sie ihnen sehr viel Gutes tun.

Wenn ein junger Indianer das Mannesalter erreichte, war es sein Ziel, sein Totem, seinen persönlichen Schutzgeist, zu finden. Oft hatte es die Gestalt eines Tieres. Das Totemtier übertrug seine Kraft auf den Indianer. Die „Medizin", wie diese innere Kraft genannt wurde, musste jedoch sein Geheimnis bleiben. Der Indianer erlangte sie mit Hilfe einer Vision. Darunter verstand man einen „guten", also richtungsweisenden und segenbringenden Traum. Der junge, gerade dem Kindesalter entwachsene Indianer begab sich für einige Tage allein auf einen Hügel weit außerhalb des Dorfes, fastete, dachte über sich und die Natur nach und wartete, dass sich die Vision einstellte. Bei Fastenden, so glaubten die Indianer, vervielfachte und verfei-

nerte sich die Sehkraft. Alles, was ein Fastender sah,
hatte für sie deshalb eine tiefere Bedeutung. Erblickte
der junge Mann im Traum einen Hund, dann wurde
ihm der Hund von da an zum Totem. Auch ein Bär, ein
Vogel oder irgendein anderes Tier oder Gegenstand   5
konnte zum Totem werden. Es blieb für sein ganzes
Leben bedeutsam.

Durch seine Vision erfuhr der junge Indianer auch,
welche Gegenstände ihm Glück bringen konnten. Er
sammelte sie fortan und stellte sich seinen persönli-   10
chen „Medizinbeutel" zusammen. Diese Talismane,
wie wir sie heute nennen würden, trug er stets bei
sich. Ähnliche, jedoch viel größere Beutel hatte jedes
Dorf. Man nannte sie „heilige Bündel".

Was für Mächte waren das nun, die den Indianern   15
solche Träume eingaben? Wer lenkte ihrer Meinung
nach das Schicksal aller Menschen?

Für die Algonkin sprechenden Stämme war das

Algonkin Sprachfamilie, der mehrere hundert Stämme angehörten

„Manitu", die höchste Kraft, an die sie glaubten. Aber Manitu war kein Gott, wie ihn sich die Weißen vorstellten: gütig und über den Wolken thronend. Manitu war zwar Herrscher und Schöpfer der Erde, aber er war keine Person. Denn Manitu wohnte in allen Dingen – im Stein, in der Blume, im Tier, in der Erde, in der Sonne.

„Wakonda" statt Manitu sagen die Sioux, „Xupa" die Hidatsa, „Yasastine" die Apache und „Orenda" die Irokesen. Diese Worte sind nur sehr schwer zu übersetzen, aber sie alle bezeichnen das „Wunderbare", „Geistige", „Geheimnisvolle", „Unsterbliche", das Lebewesen, Dingen und Entscheidungen innewohnen kann. Erst unter dem Einfluss der christlichen Missionare wurde diese Vorstellung von der übernatürlichen Kraft Manitu auf den „höchsten Gott" übertragen – den „Großen Geist".

Arbeitsanregungen

- Lies den Text aufmerksam und erkläre, was Visionen sind.
- Wenn wir von Medizin sprechen, denken wir an Tabletten oder Tropfen. Was bedeutet für die Indianer Medizin?
- Erkläre, was ein Totem ist.
- Was haben die Begriffe Manitu, Wakonda, Xupa, Yasastine und Orenda gemeinsam?
- Wie unterscheidet sich die Religion der Indianer von deiner Religion?

Kindererziehung bei den Indianern

Indianerinnen waren liebevolle Mütter. Sie taten alles, um ihren Kindern den Weg in das harte Leben zu erleichtern. Aber auch der Vater, die Großeltern, selbst Onkel und Tanten halfen bei der Erziehung. 5

Die erste Zeit verbrachte das neugeborene Kind in der Tragwiege. Sie bestand aus einem bespannten Rahmen, an dem ein verschnürter Ledersack befestigt war. Die Tragwiege war dem Leben der Indianer genau angepasst. Sie konnte von der Mutter wie ein Rucksack 10 auf dem Rücken getragen oder mit dem Tragriemen an einen Baum gehängt werden. Im Tipi oder Haus war die Trage zugleich das Kinderbettchen.

Schon bald nach seiner Geburt erhielt das Indianerbaby einen Namen. War es ein Junge, wurde er gern 15 nach einer tapferen Tat benannt, die ein Verwandter

vollbracht hatte. Dann hieß er vielleicht „Hat-einen-Gefangenen-gemacht". Die Kraft, die diesem Namen innewohnt, sollte sich später auf das Kind übertragen. Aber auch nach einem Tier, einer Pflanze oder einem Naturereignis am Tage seiner Geburt konnte ein Baby benannt werden.

Viele Indianer wechselten ihre Namen mehrmals im Leben. Die neuen Namen sollten über den neuesten Stand ihrer persönlichen Fähigkeiten oder ihrer Tapferkeit Ausdruck geben.

Indianische Kinder wurden hart erzogen. Dennoch verzichteten die Eltern vor allem bei den Plains- und Waldindianern gewöhnlich auf körperliche Strafen. Lieber versuchten sie, ungehorsame Kinder immer wieder zu belehren und zu ermahnen – aber auch einzuschüchtern. Manchmal, wenn ein Kind nachts schrie, wurde es mit einem „Buhmann" so erschreckt, dass es schwieg. Das mag uns heute grausam erscheinen. Doch ein schreiendes Kind bedeutete eine große Gefahr – es konnte dem Feind das Lager verraten.

Jungen und Mädchen wurden schon früh auf ihre künftigen Aufgaben vorbereitet. Bereits mit drei oder vier Jahren erhielten die Jungen Pfeil und Bogen. Die Mädchen spielten mit Puppen aus Fellstücken, kleinen Tragwiegen und Spielzeugtipis. Den richtigen Gebrauch der eigenen Sprache brachte den Kindern gewöhnlich ihre Mutter bei. Bei vielen Stämmen lernten sie auch, die Zeichensprache zu benutzen.

Wurden die Mädchen größer, gingen sie bei ihrer Mutter oder bei einer Verwandten regelrecht in die

„Lehre". Sie lernten alles, was es an Hausarbeiten gab. Oft waren die heranwachsenden Mädchen auch schon für ihre jüngeren Geschwister verantwortlich.

Mehr Freiheit genossen die Jungen. Sie lernten Reiten, Schwimmen, Bogenschießen oder wie man Spuren liest. Ihre Väter nahmen sie auch mit auf die Jagd und weihten sie in die Geheimnisse der Natur ein. Es war für ihr späteres Überleben entscheidend, dass sie sich abhärteten. Die Jungen mussten in eiskaltem Wasser baden und sie lernten, Schmerzen zu ertragen. Auch übten sie, tagelang ohne Essen und Trinken auszukommen.

Bei vielen Gemeinschaften wurden die Jungen im Alter von 8 bis 13 Jahren vom ältesten Bruder der Mutter erzogen. Dann wurden sie feierlich in den Kreis der Männer aufgenommen. Zuvor mussten die jungen Indianer aber noch eine oder mehrere schmerzhafte Mutproben bestehen.

ARBEITSANREGUNGEN

- Suche aus dem Text die Informationen über die Kindererziehung der Indianer heraus, die du schon beim Lesen des Buches „Büffelmädchen" erfahren hast.
- Schreibe auch die Informationen heraus, die für dich neu sind.
- Vergleiche die unterschiedliche Erziehung der Indianer bei Jungen und Mädchen.
- Vergleiche die Kindererziehung bei den Indianern mit der Kindererziehung heute.

Piktogramme der Indianer

Tanz	weißer Mann	krank	Regen	Tag, Mittag	Lager	Wind	Fisch	hören	Pfeife

Palaver	Hase	Hirsch, Elch	weiser Mann	Frieden	rennen	nichts tun	Wigwam	Pferdespuren	Gift

Bogen	Pfeil	Tomahawk	Morgen	stark	Decke	Wasser	gut versorgt	Not, arm	Vogel, Rabe

Kanu	Kanu besetzt	reden	leuchtend	Freundschaft	sehen	Fort	Squaw	gehen	Berg

Lagerfeuer	Krieg	Bär	Wolke	Schlange	Angst haben	schlecht	Hunger	viele	Baum

Bruder, Freund	Abend	Mann	See	Pferd	Spur, Fährte	Mond	Sonne	Macht	Büffel

ARBEITSANREGUNGEN

– Erzählt mit Hilfe der Piktogramme Geschichten. Statt zu schreiben, malt ihr ein Piktogramm nach dem anderen, sodass daraus eine Handlung entsteht. Tauscht eure Geschichten aus und überprüft, ob ihr versteht, was euer Partner mit den Zeichen erzählen wollte.

Die Waldklapperschlange

Die Waldklapperschlange kommt vor allem im Osten und Südosten der USA in zwei verschiedenen Unterarten vor. Die eine, lateinisch *Crotalus horridus horridus* genannt, kann man in bewaldeten Bergregionen antreffen, die andere, *Crotalus horridus atricaudatus,* bevorzugt tiefer gelegene Gebiete und ist dort vor allem an Feldrändern und in Sümpfen zu finden.

Waldklapperschlangen können eine Länge von 90 bis 130 cm erreichen. Ihr Schwanz endet in einer Rassel, die aus trockenen, lose verbundenen Hornringen besteht, welche Reste von vorherigen Häutungen sind. Mit dieser Klapper geben die Schlangen Warnlaute ab, die man noch über eine Entfernung von 20 bis 30 m hören kann.

Die Tiere sind sehr scheu. Sie setzen sich aber zur Wehr, wenn sie sich bedroht fühlen. Beim Angriff

richten sie ihren Körper spiralförmig auf, schnellen bis zur Hälfte ihrer Körperlänge nach vorne und beißen zu. Mit ihrem Biss geben sie ein starkes Gift ab. Dies führt beim Opfer zur Blutgerinnung, die meist tödlich ist. Wie alle Schlangen sind Waldklapperschlangen stumm und taub. Sie können aber Erschütterungen des Bodens wahrnehmen.

Waldklapperschlangen ernähren sich von Vögeln und kleinen Säugetieren wie Mäusen und Ratten. Von Oktober bis März überwintern sie unter Felsen oder in Höhlen. Im Frühjahr beginnt die Paarungszeit, im Spätsommer bringt das Weibchen dann zwischen fünf und siebzehn Junge zur Welt. Allerdings kommt dies nur etwa alle drei bis fünf Jahre vor. Waldklapperschlangen werden bis zu 30 Jahre alt.

Arbeitsanregungen

- Welche Informationen aus dem Text findest du im Buch auf S. 98–101 wieder?
- Um welche Waldklapperschlangenart handelt es sich dort wohl?
- Stelle die Informationen über die Waldklapperschlange aus dem Text in einem Steckbrief für diese Tierart zusammen.
- Informiere dich in einem Nachschlagewerk oder im Internet über Schlangen.

Ted Perry (inspiriert von Häuptling Seattle)
Wie kann man den Himmel verkaufen?

Im Jahr 1854 soll Häuptling Seattle, dessen Stamm im Nordosten des US-Bundesstaates Washington lebte, eine solche Rede gehalten haben, die an den Präsidenten der USA gerichtet war.   5

„Jeder Teil dieser Erde ist meinem Volk heilig. Jede glänzende Kiefernnadel, jedes sanfte Ufer, jeder Dunst in den dunklen Wäldern, jede Lichtung und jedes summende Insekt ist heilig in der Erinnerung und Erfah- 10
rung meines Volkes.

Der Saft, der durch die Bäume fließt, trägt die Erinnerungen des roten Mannes mit sich.

Die Toten des weißen Mannes vergessen das Land ihrer Geburt, wenn sie zwischen den Sternen umher- 15
ziehen. Unsere Toten vergessen niemals diese wunderschöne Erde, denn sie ist die Mutter des roten Mannes. Unsere Toten lieben für immer und vergessen nie die schnellen Flüsse der Erde, die leisen Schritte des Frühlings, die glitzernden Wellen auf der Oberfläche der 20
Teiche, die Farbenpracht der Vögel. Wir sind ein Teil der Erde und sie ist ein Teil von uns. Die duftenden Blumen sind unsere Schwestern; das Reh, das Pferd, der große Kondor sind unsere Brüder. Die felsigen Bergrücken, die saftigen Wiesen, die Körperwärme 25
der Ponys und der Mensch gehören alle zur selben Familie.

Wenn also der Große Häuptling in Washington

sagen lässt, dass er unser Land zu kaufen wünscht, dann verlangt er viel von uns.

Was Häuptling Seattle sagt, darauf kann sich der Große Häuptling verlassen, so sicher, wie sich unsere weißen Brüder auf die Wiederkehr der Jahreszeiten verlassen können. Meine Worte sind wie die Sterne. Sie gehen nicht unter. Der Häuptling Washington sendet uns auch Worte der Freundschaft und des guten Willens. Das ist gütig von ihm.

Wir werden also euer Angebot, unser Land zu kaufen, bedenken. Das wird nicht leicht sein. Dieses Land ist uns heilig. Wir erfreuen uns an den Wäldern und den tanzenden Flüssen. Das Wasser, das in den Bächen fließt, ist kein Wasser, sondern das Blut unserer Vorfahren. Wenn wir euch das Land verkaufen, müsst ihr daran denken, dass es uns heilig ist, und eure Kinder immer wieder lehren, dass es heilig ist. Jede geisterhafte Spiegelung im klaren Wasser der Seen erzählt von Ereignissen und Erinnerungen im Leben meines Volkes. Das Murmeln des Wassers ist die Stimme des Vaters meines Vaters. Die Flüsse sind unsere Brüder; sie stillen unseren Durst. Zwischen den zärtlichen Armen ihrer Ufer tragen die Flüsse unsere Kanus, wohin sie wollen.

Wenn wir unser Land verkaufen, müsst ihr daran denken und eure Kinder lehren, dass die Flüsse unsere Brüder sind und eure, und ihr müsst von nun an den Flüssen die Güte schenken, die ihr jedem Bruder schenken würdet.

Der Häuptling Seattle wird also das Angebot des

Häuptlings Washington bedenken. Wir werden nachdenken. Der rote Mann hat sich immer vor dem vorrückenden weißen Mann zurückgezogen, so wie der Nebel auf dem Berghang vor der Morgensonne weicht.

Uns ist die Asche unserer Väter heilig. Ihre Gräber sind geweihte Erde, ebenso wie diese Hügel, diese Bäume. Dieses Stück Erde ist uns heilig.

Der weiße Mann versteht das nicht. Ein Stück Land bedeutet ihm gleich viel wie jedes andere, denn er ist ein Wanderer, der in der Nacht kommt und sich von dem Land nimmt, was immer er braucht. Die Erde ist nicht sein Bruder, sondern sein Feind, und wenn er den Kampf gewonnen hat, zieht er weiter. Er lässt die Gräber seiner Väter hinter sich und es ist ihm gleichgültig. Er raubt seinen Kindern die Erde. Und es ist ihm gleichgültig. Die Gräber der Väter und das Geburtsrecht der Kinder vergisst der weiße Mann, der seine Mutter, die Erde, und seinen Bruder, den Himmel, wie Dinge behandelt, die man kauft, plündert und verkauft, wie Schafe, Brot oder glänzende Perlen. Auf diese Weise werden die gierigen Hunde die reiche Erde verschlingen und nur eine Wüste zurücklassen.

Der weiße Mann ist wie eine Schlange, die ihren eigenen Schwanz frisst, um zu überleben. Und der Schwanz wird immer kürzer. Unsere Art ist anders als eure. Wir können in euren Städten, die wie viele schwarze Warzen auf dem Angesicht der Erde erscheinen, nicht gut leben. Der Anblick der Städte des weißen Mannes schmerzt die Augen des roten Mannes wie das Sonnenlicht, das dem in die Augen sticht,

der aus einer dunklen Höhle kommt. In den Städten
des weißen Mannes gibt es keinen Ort, der still genug
ist, um das Entfalten der Blätter im Frühling oder das
Schwirren von Insektenflügeln zu hören. In den Städten des weißen Mannes versucht man stets, einer La-
wine zu entkommen. Nur der Lärm scheint die Ohren
zu durchdringen. Aber wofür lebt man noch, wenn ein
Mann nicht den einsamen Ruf der Drossel oder die
Auseinandersetzungen der Frösche nachts am Teich
hören kann?

Aber ich bin ein roter Mann und verstehe das nicht.
Ich ziehe den Wind vor, der über das Gesicht eines Tei-
ches hinwegfegt, und den Geruch des Windes selbst,
wenn er von einem mittäglichen Regenschauer gerei-
nigt worden ist. Die Luft ist für den roten Mann kostbar, denn alle Dinge teilen denselben Atem – die Tiere,
die Bäume und der Mensch, sie sind alle vom selben
Atem. Der weiße Mann stört sich nicht an der verpes-
teten Luft, die er einatmet. Wie ein Mann, der seit vielen Tagen unter Schmerzen leidet, ist er abgestumpft
gegenüber dem Gestank.

Aber wenn wir unser Land verkaufen, müsst ihr
daran denken, dass für uns die Luft kostbar ist, auch
unsere Bäume und Tiere. Der Wind gibt dem Menschen seinen ersten Atemzug und empfängt seinen
letzten Seufzer. Und wenn wir euch unser Land verkaufen, werdet ihr es als einen abgeschiedenen und
heiligen Ort bewahren, wo auch der weiße Mann hin-
gehen kann, um einen Wind zu schmecken, der süß
von Wiesenblumen ist.

Wir werden also euer Angebot, unser Land zu kaufen, bedenken. Wenn wir uns entschließen, es anzunehmen, stelle ich hier und jetzt eine Bedingung auf: Der weiße Mann muss die Tiere des Landes als seine Brüder behandeln.

Ich habe Geschichten gehört von tausend Büffeln, die auf der Prärie verrotten, liegen gelassen von den weißen Männern, die sie von einem vorbeifahrenden Zug aus erschossen haben. Ich verstehe das nicht. Für uns sind die Tiere unsere Brüder und wir töten nur, um am Leben zu bleiben. Wenn wir ihm dieses Land verkaufen, muss es der weiße Mann uns gleichtun, denn die Tiere sind unsere Brüder. Was ist der Mensch ohne die Tiere? Selbst der Regenwurm hält die Erde weich, auf der der Mensch geht. Wenn alle Tiere fort wären, würde der Mensch vor lauter Einsamkeit sterben. Denn was auch immer den Tieren geschieht, geschieht dem Menschen, denn wir sind alle von einem Atem.

Wenn wir euch dieses Land verkaufen, stelle ich jetzt diese Bedingung auf: Ihr müsst eure Kinder lehren, dass der Boden unter ihren Füßen auf unsere Schritte liebevoller anspricht als auf eure, weil er erfüllt ist vom Leben unserer Verwandten. Lehrt eure Kinder, was wir unsere Kinder gelehrt haben, dass die Erde unsere Mutter ist. Was immer der Erde widerfährt, widerfährt den Söhnen der Erde. Wenn Menschen auf den Boden spucken, spucken sie auf sich selbst. Das wissen wir. Die Erde gehört nicht dem weißen Mann, der weiße Mann gehört zur Erde. Das wissen wir. Alle Dinge sind miteinander verbunden, wie das Blut, das unsere Familien vereint. Wenn wir die Schlangen töten, werden sich die Feldmäuse vermehren und unseren Mais vernichten. (...) Der Mensch hat das Netz des Lebens nicht geknüpft; er ist nur ein Faden darin. Was auch immer er dem Netz antut, tut er sich selbst an. Nein, Tag und Nacht können nicht zusammenleben.

Wir werden euer Angebot bedenken. Was ist das, was der weiße Mann zu kaufen wünscht, fragt mich mein Volk. Die Vorstellung ist uns fremd. Wie kann man den Himmel kaufen oder verkaufen, die Wärme des Landes, die Schnelligkeit der Antilope? Wie können wir euch diese Dinge verkaufen und wie könnt ihr sie kaufen? Gehört die Erde euch und könnt ihr mit ihr machen, was ihr wollt, nur weil der rote Mann ein Stück Papier unterschreibt und dem weißen Mann gibt? Wenn wir die Frische der Luft und das Glitzern des Wassers nicht besitzen, wie könnt ihr sie von uns kaufen? Könnt ihr den Büffel zurückkaufen, wenn der letzte gestorben ist?

Aber wir werden euer Angebot bedenken. Im flüchtigen Augenblick seiner Stärke denkt der weiße Mann, er sei ein Gott, der seine Mutter, die Erde, die Flüsse, die seine Schwestern sind, und seine roten Brüder behandeln kann, wie er will. Aber ein Mensch, der seine Mutter, seine Brüder und Schwestern kaufen und verkaufen würde, würde auch seine Kinder verbrennen, um sich selbst warm zu halten.

Wir werden also euer Angebot, unser Land zu kaufen, bedenken. Tag und Nacht können nicht zusammen leben. Euer Angebot scheint angemessen zu sein und

ich denke, mein Volk wird es annehmen und in das Reservat gehen, das ihr vorgesehen habt. (...)

Der Gott des weißen Mannes hat ihm die Herr-
schaft über die Tiere, die Wälder und den roten Mann
gegeben, zu irgendeinem besonderen Zweck, aber dieses Geschick ist für den roten Mann ein Rätsel. Vielleicht würden wir es verstehen, wenn wir wüssten,
was der weiße Mann träumt, welche Hoffnungen er
seinen Kindern an langen Winterabenden schildert,
welche Visionen er in ihre Augen einbrennt, sodass sie
sich auf morgen freuen. Die Träume des weißen Mannes sind uns verborgen. Und weil sie verborgen sind,
werden wir unseren eigenen Weg gehen.

Wir werden also euer Angebot, unser Land zu
kaufen, bedenken. Wenn wir es annehmen, dann aus
dem Grund, weil wir das Reservat, das ihr versprochen
habt, sichern wollen. Dort können wir vielleicht den
Rest unserer Tage so zubringen, wie wir es wünschen.

ARBEITSANREGUNGEN

- Was erfährst du aus der Rede über die Beziehung der Indianer zur Natur?
- Wie sieht Häuptling Seattle die Beziehung der Weißen zur Natur?
- Suche Textstellen heraus, die belegen, warum der Häuptling diese Rede hält. Was betont er immer wieder?
- Häuptling Seattle stellt an die Weißen Bedingungen. Suche die Stellen heraus und schreibe einen Brief an die Weißen, in dem du diese Bedingungen darlegst.
- Begründe, warum die Weißen das Land der Indianer kaufen wollen.
- Überlege dir Gründe, warum die Indianer trotz aller Bedenken ihr Land verkauft haben.

Textquellen

Seite 138: Kleines Indianerlexikon (Originaltext).

Seite 139–140: Der Autor Jo Pestum (Originaltext).

Seite 141–142: Seit wann gibt es Indianer?
Aus: www.wasistwas.de.

Seite 143–145: Träume, Visionen und Geister. Aus:
Rainer Crummenerl: Das große Arena-Buch der Indianer. Würzburg: Arena Verlag 1996. S. 64–66.

Seite 146–148: Kindererziehung bei den Indianern.
Aus: Rainer Crummenerl: Das große Arena-Buch der
Indianer. Würzburg: Arena Verlag 1996. S. 60–61.

Seite 149: Piktogramme der Indianer (Originaltext).

Seite 150–151: Die Waldklapperschlange (Originaltext).

Seite 152–158: Ted Perry (inspiriert von Häuptling
Seattle): Wie kann man den Himmel verkaufen?
Aus: Eli Gifford und R. Michael Cook (Hrsg.):
Häuptling Seattles Rede. Wie kann man den Him-
mel verkaufen? Aus dem Englischen von Cordula
Kolarik und Klaus Sticker. Göttingen: Lamuv Verlag
GmbH 1996. S. 57–97.

Bildquellen

Seite 139: Jo Pestum © Thienemann Verlag, Stuttgart.

Seite 146: Indianerkind © akg-images.

Seite 150: Waldklapperschlange © Joe McDonald/
Okapia.